차근차근 생활수학

화폐 계산하기

동전편

모듀

모듀efe는 느린 학습자, 장애인, 더 나아가 모든 사람이 배울 수 있는
교재와 교구를 기획·제작하고 있습니다.
선생님들의 아이디어와 원고를 제안받고 있으니,
자세한 내용은 모듀efe 홈페이지를 참고해 주십시오.

차근 차근 생활 수학
화폐 계산하기 2. 동전편

지 은 이	최연주
펴 낸 곳	모듀efe
주 　 소	서울특별시 강남구 봉은사로1길 6, 5층 5120호
홈페이지	edu4modu.com
전자우편	contact@edu4modu.com
대표전화	070-8983-4623
발 행 일	2025.1.3.(1쇄)
	2025.4.15.(2쇄)

ISBN　979-11-93819-10-4 (63320)

※ 이 책의 오탈자 및 잘못된 내용에 대한 수정 정보는 이메일로 알려주십시오.
※ 잘못 만들어진 책은 구입하신 서점에서 교환해 드립니다.
※ 이 책은 저작권법에 따라 보호받는 저작물이므로 무단 전재와 무단 복제를 금합니다.
　 이 책 내용의 전부 또는 일부를 사용하시려면 반드시 저작권자와 출판사의 동의를 얻어야 합니다.

designed by. 은빛공장 010.8342.0328

이 책이 나오기까지

일상생활을 안전하고 편안하게 누리기 위해서는 돈을 사용하고 관리하는 능력이 반드시 필요합니다. 마트에서 과자를 사는 것부터 번 돈을 저축하고 투자하는 것까지 우리의 삶과 돈은 뗄레야 뗄 수 없는 관계에 있기 때문입니다. 그렇기에 어린 시절에는 사려고 하는 물건이나 서비스가 적절한 가격대인지, 나의 예산에 맞는 지출인지를 면밀히 따져보는 합리적인 소비 습관에 대한 교육이 강조됩니다.

대다수의 아이들은 일상생활 속에서 자연스럽게 관련 역량을 습득합니다. 그러나 느린 학습자, 다문화 가정 등 최근 늘어가는 다양한 요구를 가진 아이들은 돈과 관련된 기술을 자연스럽게 배우기 어렵습니다. 이러한 아이들을 위한 자료와 프로그램이 꼭 필요함에도, 교육과정에서도 시중의 문제집에서도 기초적인 돈 감각 및 계산법을 가르쳐주는 교재와 프로그램은 찾아보기 힘듭니다. 특히 돈 관리의 기초가 되는 화폐 계산에 관한 문제집은 전무 그 자체였습니다.

설상가상으로 최근 늘어난 카드 사용은 아이들이 일상생활에서 화폐를 사용할 수 있는 기회마저 줄였습니다. 그 결과 아이들은 물건값과 거스름돈을 계산하는데 필요한 돈 감각 자체를 자연스러운 맥락 안에서 학습하기 어려워졌습니다.

'차근차근 생활 수학 – 화폐 계산하기'는 이러한 고민에서 시작된 교재입니다. 유아 및 초등 저학년 학생, 느린 학습자를 비롯하여 화폐 공부가 필요한 모든 사람이 화폐의 개념과 기초를 차근차근 학습하길 바라는 마음으로 제작하였습니다.

이 책이 출판되기까지 여러 고마운 분들의 도움을 많이 받았습니다. 특히 이 책의 방향성을 지지해주고 더 좋은 교재가 나올 수 있게끔 함께 고민해 준 〈모듀 efe〉의 대표님들께 진심으로 감사의 인사를 전합니다.

아이들이 이 교재로 세상에서 일어나는 모든 경제활동을 이해하리라고 기대하지 않습니다.

다만, '차근차근 생활 수학 – 화폐 계산하기'가 물건의 값을 계산하고 값을 치르는 기초적인 경제 활동의 성취감을 느낄 수 있는 초석이 되는 교재이길 바랍니다. 이를 통해 아이들이 조금이나마 안전하고 편안한 경제생활을 누리는 것에 작은 기여를 함께 할 수 있게 되길 소망합니다.

{ 책의 구성과 활용법 }

 이 책의 특징

1. 각 차시에서 배워야 할 개념을 충실히 설명하여 학습자가 화폐 계산의 개념과 방법을 이해하고 학습할 수 있도록 하였습니다.

2. 내용의 계열성을 중시하여 학습자가 화폐 계산법을 체계적으로 학습할 수 있도록 하였습니다. 이를 위해 학습 단계를 세분화하였고 같은 수준의 문제를 다양하게 제시하여 각 차시에 대한 내용을 충분히 연습할 수 있도록 하였습니다.

3. 실생활과 연계된 문장제 문제를 통해 학생들이 일상생활에서 발생하는 많은 문제를 미리 경험하고 이를 해결할 수 있는 역량을 기를 수 있도록 하였습니다. 문장제 문제의 경우 풀어가는 과정을 수록하여 학생들이 최대한 스스로 문제를 해결할 수 있도록 구성하였습니다.

 학습목표

이 책을 통해 학생들은 다음의 내용을 배울 수 있습니다.

1. 동전과 지폐를 구별할 수 있습니다.
2. 10원 동전과 50원 동전을 사용하여 90원 이하의 값을 표현할 수 있습니다.
3. 100원을 10원 동전과 50원 동전을 사용하여 다양하게 표현할 수 있습니다.
4. 100원 동전과 500원 동전을 사용하여 900원 이하의 값을 나타낼 수 있습니다.
5. 10원 단위 동전과 100원 단위 동전을 사용하여 1,000원 미만의 값을 표현할 수 있습니다.
6. 10원 단위 동전과 100원 단위 동전을 사용하여 1,000원 이상의 값을 표현할 수 있습니다.

 **책의 활용법**

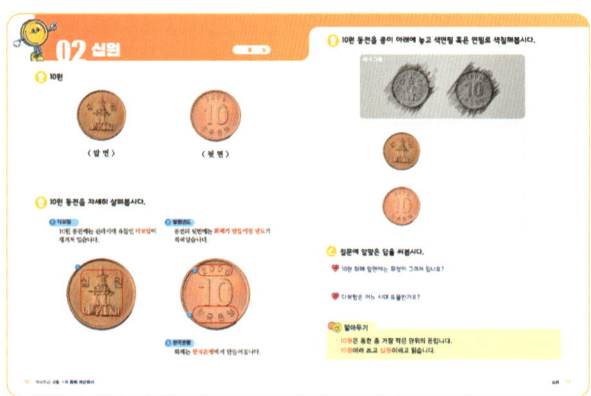

 [단 원] 단원에서 배울 내용을 소개합니다.

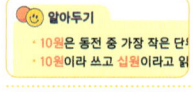 [알아두기] 중요한 개념을 정리합니다.

 [이야기 글] 화폐와 관련된 흥미로운 이야기를 소개합니다.

 [연습문제] 여러 단원을 종합하여 배운 내용을 복습합니다.

 붙임 딱지를 활용해야하는 문제는 붙임 딱지 아이콘이 각 질문 옆에 그려져 있습니다.

{ 차 례 }

십원
01. 우리나라의 화폐 … 6
02. 십원 … 10
03. 십원 동전 계산하기 … 14
[연습문제] … 20

오십원
04. 오십원(1) … 26
05. 오십원(2) … 30
[연습문제] … 34
06. 오십원, 십원 동전 계산하기(1) … 36
07. 오십원, 십원 동전 계산하기(2) … 42
[연습문제] … 48

백원
08. 백원(1) … 52
09. 백원(2) … 56
[연습문제] … 62
10. 백원 동전 계산하기(1) … 64
11. 백원 동전 계산하기(2) … 70
[연습문제] … 76

오백원
12. 오백원(1) … 82
13. 오백원(2) … 86
[연습문제] … 90
14. 오백원, 백원 동전 계산하기(1) … 92
15. 오백원, 백원 동전 계산하기(2) … 98
[연습문제] … 104

종합
16. 다양한 단위의 동전 계산하기(1) … 110
17. 다양한 단위의 동전 계산하기(2) … 116
[연습문제] … 122
18. 동전으로 천원 만들기 … 128
19. 동전으로 천원 이상이 되는 값 계산하기 … 134
[연습문제] … 140

01 우리나라의 화폐

우리나라의 동전

10원   십원   50원   오십원

100원   백원   500원   오백원

우리나라의 지폐

1,000원   천원   5,000원   오천원

10,000원   만원   50,000원   오만원

알아두기

- 화폐(돈)에는 **동전**과 **지폐**가 있습니다.
- **동전**은 금속으로 만든 동그란 모양의 돈입니다.
- **지폐**는 종이로 만든 네모난 모양의 돈입니다.

📝 같은 동전끼리 연결해봅시다.

📝 같은 지폐끼리 연결해봅시다.

우리나라의 화폐 7

화폐 붙임 딱지를 붙이고 화폐의 금액을 따라 써봅시다.

	10원	**십원**
	10원	십원
	50원	**오십원**
	50원	오십원
	100원	**백원**
	100원	백원
	500원	**오백원**
	500원	오백원

화폐 붙임 딱지를 붙이고 화폐의 금액을 따라 써봅시다.

	1,000원	천원
	1,000원	천원

	5,000원	오천원
	5,000원	오천원

	10,000원	만원
	10,000원	만원

	50,000원	오만원
	50,000원	오만원

02 십원

월   일

 10원

〈 앞 면 〉

〈 뒷 면 〉

 10원 동전을 자세히 살펴봅시다.

① 다보탑

10원 동전에는 신라시대 유물인 **다보탑**이 새겨져 있습니다.

② 발행년도

동전의 뒷면에는 **화폐가 만들어진 년도**가 적혀있습니다.

③ 한국은행

화폐는 **한국은행**에서 만들어집니다.

💡 **10원 동전을 종이 아래에 놓고 색연필 혹은 연필로 색칠해봅시다.**

예시 그림

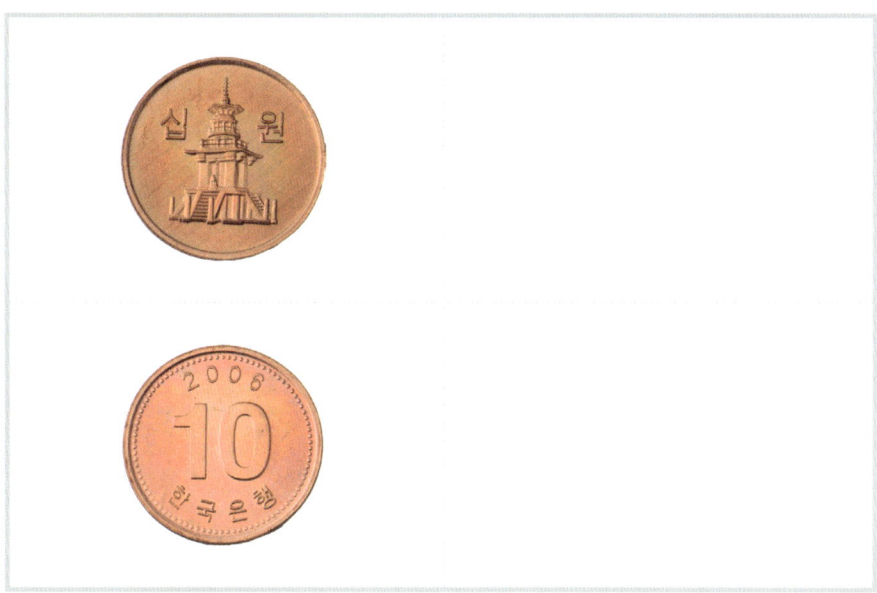

✏️ **질문에 알맞은 답을 써봅시다.**

💟 10원 화폐 앞면에는 무엇이 그려져 있나요?

💟 다보탑은 어느 시대 유물인가요?

😊 **알아두기**
- **10원**은 동전 중 가장 작은 단위의 돈입니다.
- **10원**이라 쓰고 **십원**이라고 읽습니다.

✏️ 붙임딱지를 붙여 10원 화폐를 완성해봅시다.

✏️ 10원 동전을 찾아 모두 ◯하세요.

✏️ 따라 써봅시다.

| 10원 | 십원 | 10원 | 십원 |

10원 동전이 원래는 이 모양이 아니었다고?

옛날 10원   요즘 10원

옛날에는 10원 동전의 모양과 크기가 지금과 달랐다는 걸 알고 있었나요?

2006년 12월, 한국은행은 10원 동전의 모양과 크기를 바꿨습니다. 그 이유는 옛날 10원 동전을 만드는데 사용된 금속이 너무 비쌌기 때문입니다.

심지어 어떤 사람들은 10원 동전을 녹이고 그 금속을 팔아서 더 많은 돈을 벌기도 했습니다. 이런 문제를 해결하기 위해 한국은행은 10원 동전을 더 작고, 더 저렴한 재료로 만들었답니다.

이렇게 동전을 바꿈으로써, 우리나라는 10원 동전을 만드는 데 드는 비용을 줄이고, 동전의 가치를 지킬 수 있게 되었습니다.

✏️ 나라면 10원 동전을 어떻게 만들었을 것 같나요?
글, 그림 등으로 자유롭게 표현해봅시다.

03 십원 동전 계산하기

 월   일

 10원 ~ 90원

10원 동전을 사용하여 10원부터 90원까지 나타내봅시다.

(동전 1개)	10원 1개	10원 십원
(동전 2개)	10원 2개	20원 이십원
(동전 3개)	10원 3개	30원 삼십원
(동전 4개)	10원 4개	40원 사십원
(동전 5개)	10원 5개	50원 오십원

(6 coins)	10원 6개	60원
		육십원
(7 coins)	10원 7개	70원
		칠십원
(8 coins)	10원 8개	80원
		팔십원
(9 coins)	10원 9개	90원
		구십원

십원 동전 계산하기

알맞은 것끼리 연결해봅시다.

20원 · · (동전 8개) · · 이십원

70원 · · (동전 2개) · · 십원

30원 · · (동전 3개) · · 삼십원

80원 · · (동전 1개) · · 팔십원

10원 · · (동전 7개) · · 칠십원

90원 · · · 사십원

40원 · · · 육십원

60원 · · · 구십원

50원 · · · 오십원

십원 동전 계산하기

✏️ **주머니 안에 있는 금액을 적어봅시다.**

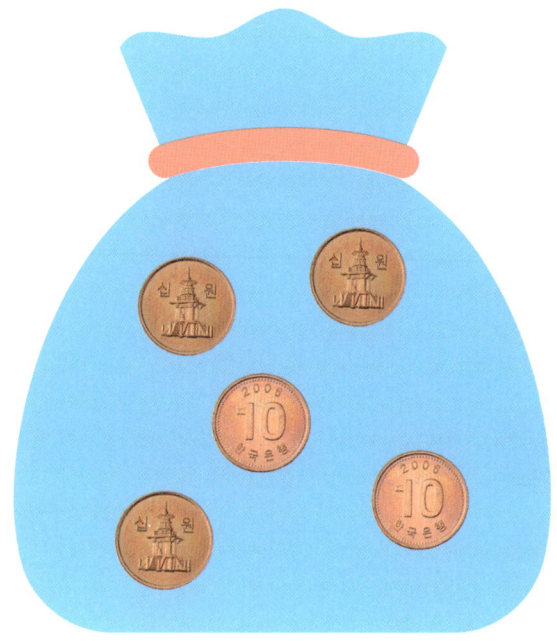 원

 원

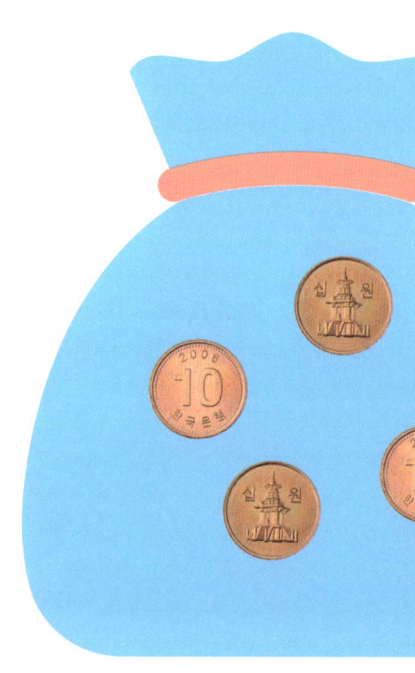 원

원

물건의 가격에 맞게 10원 동전을 붙여봅시다.

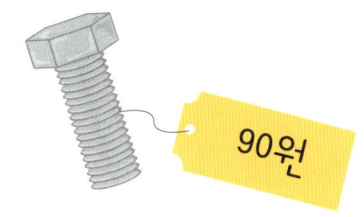

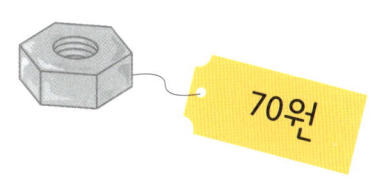

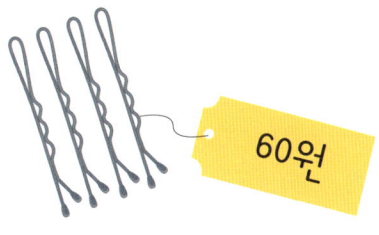

연습문제

✎ 다음 화폐가 나타내는 금액을 적고 이를 한글로 적어봅시다.

금액: 한글:

✎ 빈칸에 들어갈 알맞은 말을 <보기>에서 찾아 적어봅시다.

♥ 10원 화폐 앞면에 그려진 것은 (   ) 입니다.

♥ 화폐는 (   )에서 만들어집니다.

♥ 10원 6개는 (   )입니다.

♥ 10원 (   )는 80원 입니다.

♥ 다보탑은 (   )유물입니다.

<보기>

신라시대 / 다보탑 / 8개
한국은행 / 60원

다음 글을 읽고 물음에 답해봅시다.

다혜는 저금통에 10원 5개가 있습니다. 그런데 오늘 10원 2개를 저금통 안에 넣었습니다. 저금통 안에 있는 돈은 모두 얼마일까요?

💟 다혜가 저금통 안에 넣은 돈만큼 화폐 붙임 딱지를 붙여봅시다.

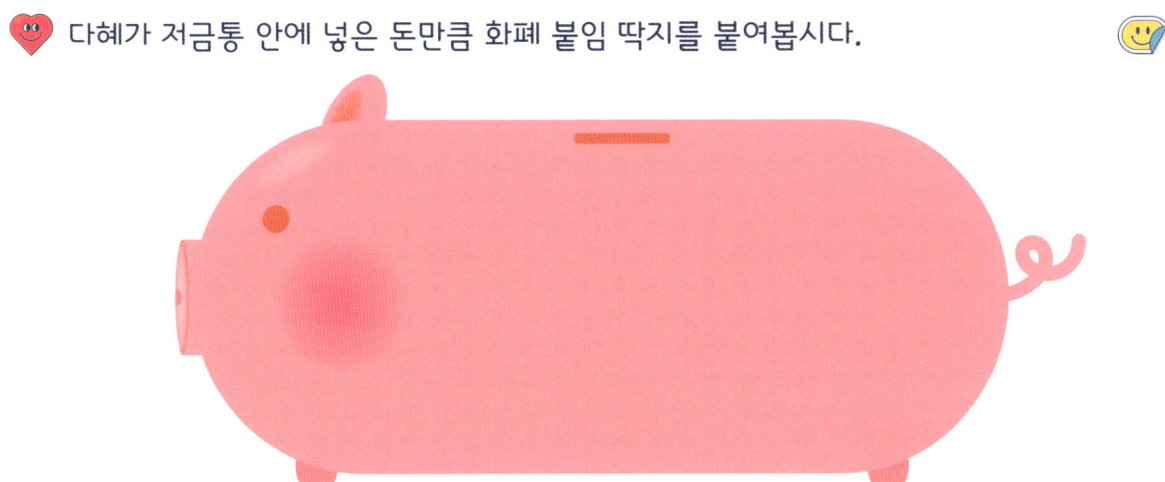

💟 저금통 안에 있는 돈은 모두 얼마인가요?

원

지렁이는 문구점에서 실핀 60원짜리와 클립 10원짜리를 샀습니다. 지렁이가 오늘 쓴 돈은 모두 얼마인가요?

💟 지렁이가 쓴 돈을 적고 쓴 돈만큼 화폐 붙임 딱지를 각각 붙여봅시다

구매한 것	가격	화폐 붙임 딱지

💟 지렁이가 쓴 돈은 모두 얼마인가요?

원

✏️ 물건의 가격과 같은 금액에 ◯ 해봅시다.

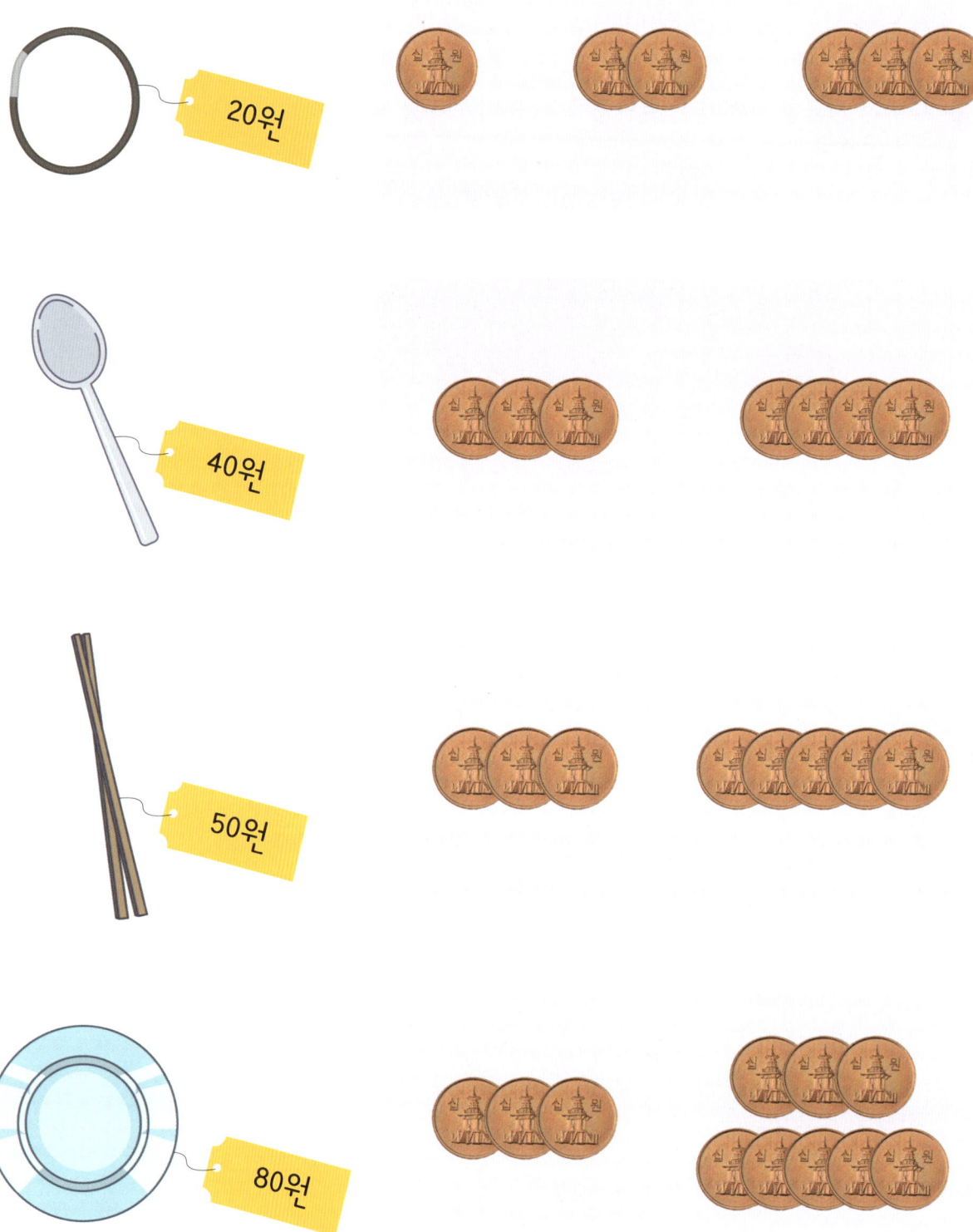

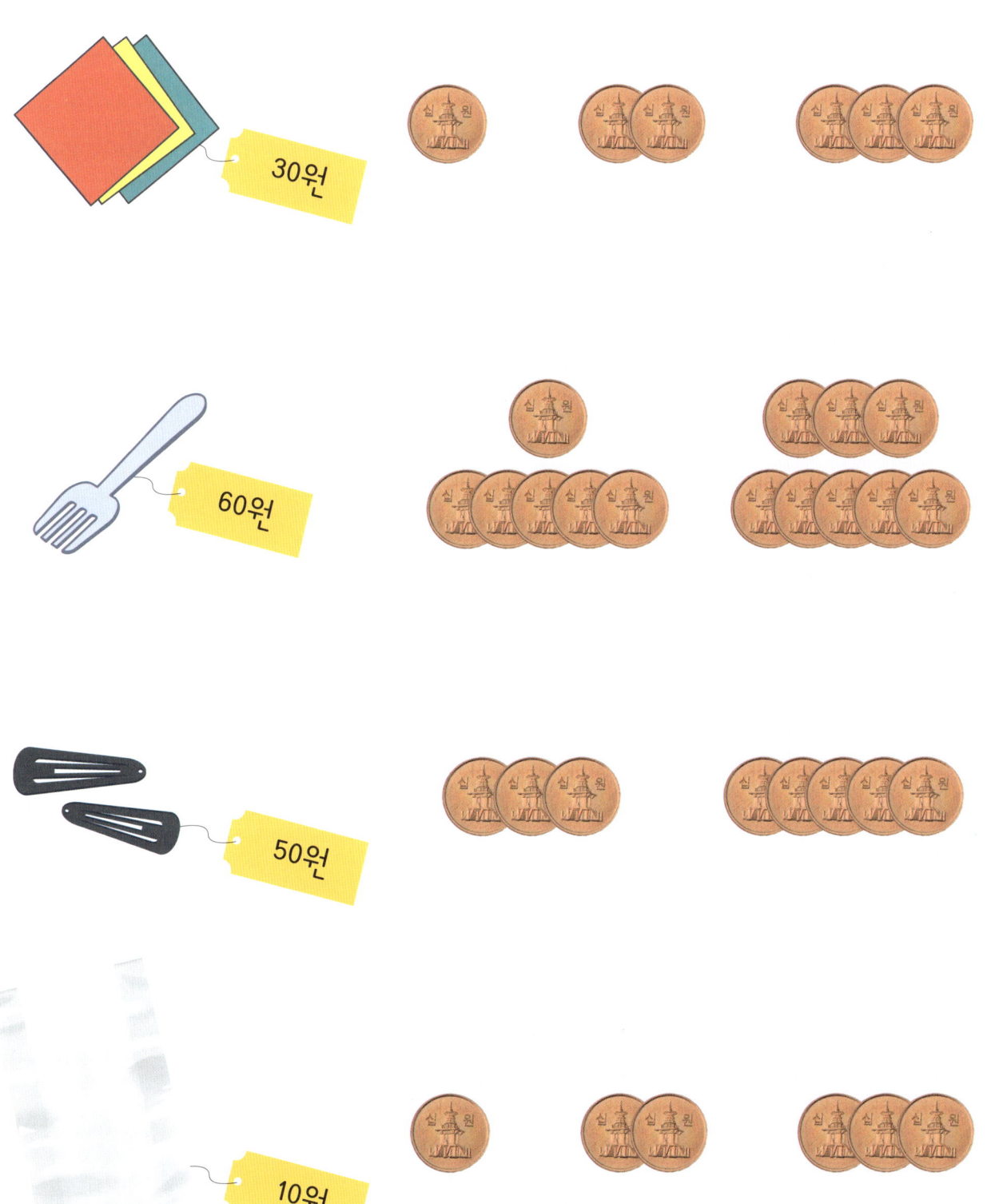

안의 금액을 적고 금액의 크기에 맞게 부등호(〉, 〈, =)를 표시해봅시다.

원		원
원		원
원		원
원		원

부등호는 수가 큰 쪽으로 입을 벌려요.
50 〈 60 , 40 〉 20

다음 글을 읽고 물음에 답해봅시다.

아름이는 편의점에서 나무젓가락과 일회용 숟가락을 샀습니다. 나무젓가락은 50원, 일회용 숟가락은 40원일 때, 아름이가 편의점에서 쓴 돈은 모두 얼마인가요?

💗 아름이가 쓴 돈을 적고 화폐 붙임 딱지를 붙여봅시다.

구매한 것	가격	화폐 붙임 딱지
나무젓가락	50원	🪙 🪙 🪙 🪙 🪙

💗 아름이가 쓴 돈은 모두 얼마인가요?

원

예현이는 10원 8개를 가지고 있습니다. 알사탕 하나에 20원이라면, 예현이는 알사탕을 몇 개 살 수 있을까요?

💗 예현이가 가진 돈은 모두 얼마인가요?

원

💗 알사탕을 한 개 살 수 있는 만큼의 돈을 ◯로 묶어봅시다. 예현이는 알사탕을 몇 개 살 수 있나요?

개

04 오십원 (1)

 50원

〈 앞 면 〉   〈 뒷 면 〉

 50원 동전을 자세히 살펴봅시다.

① 벼 이삭
50원 동전에는 **벼 이삭**이 새겨져 있습니다. 벼 이삭에선 쌀이 열립니다.

② 발행년도
동전의 뒷면에는 **화폐가 만들어진 년도**가 적혀있습니다.

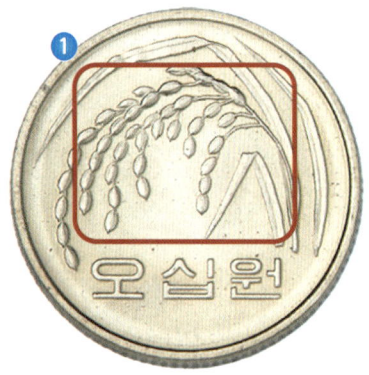   

③ 한국은행
화폐는 **한국은행**에서 만들어집니다.

💡 50원 동전을 종이 아래에 놓고 색연필 혹은 연필로 색칠해봅시다.

✏️ 질문에 알맞은 답을 써봅시다.

💗 50원 화폐 앞면에는 무엇이 그려져 있나요?

💗 벼 이삭에선 무엇이 열리나요?

😊 알아두기

- 50원은 동전 중 두 번째로 작은 단위의 돈입니다.
- 50원이라 쓰고 오십원이라고 읽습니다.

붙임딱지를 붙여 50원 화폐를 완성해봅시다.

 50원 동전을 찾아 모두 ◯하세요.

 따라 써봅시다.

50원	오십원	50원	오십원

이야기 글

동전 옆면에는 왜 톱니바퀴가 새겨져 있을까요?

동전의 옆면을 만져 봅시다. 뭔가 오돌토돌한 느낌이 나죠?

그 이유는 동전 옆에 톱니바퀴 무늬가 있기 때문이에요. 50원 동전에는 109개, 100원 동전에는 110개, 500원 동전에는 120개의 톱니바퀴 무늬가 새겨져있어요.

동전을 이렇게 만든 이유는 사람들이 동전을 똑같이 따라 만드는 것을 막기 위해서예요. 동전에 톱니바퀴 무늬를 만드는 것은 시간도 많이 필요하고 무척 어려운 기술이라고 해요. 그렇기 때문에 한국은행에서는 사람들이 직접 동전을 만들지 못하도록 동전에 톱니바퀴 무늬를 새긴 것이랍니다.

✏️ **주변에서 동전을 찾아 옆면을 만져보세요. 어떤 느낌이 나나요?**

✏️ **빈칸을 알맞게 채워보세요.**

💗 동전의 옆 테두리에는 (　　　　　　)가 새겨져 있습니다.

💗 톱니바퀴는 50원 동전에 (　　　　)개, 100원 동전에 (　　　　　)개, 500원 동전에 (　　　　)개가 새겨져 있습니다.

💗 동전에 톱니바퀴가 새겨져 있는 이유는 사람들이 (　　　　　　　　　) 못하도록 하기 위해서입니다.

05 오십원 (2)

 50원

10원 동전을 사용하여 50원을 나타내봅시다.

=

 알아두기

- 10원이 5개 있으면 **50원**입니다.
- 십원이 다섯개 있으면 **오십원**입니다.

🔍 **10원 동전을 사용하여 50원을 나타내봅시다.**

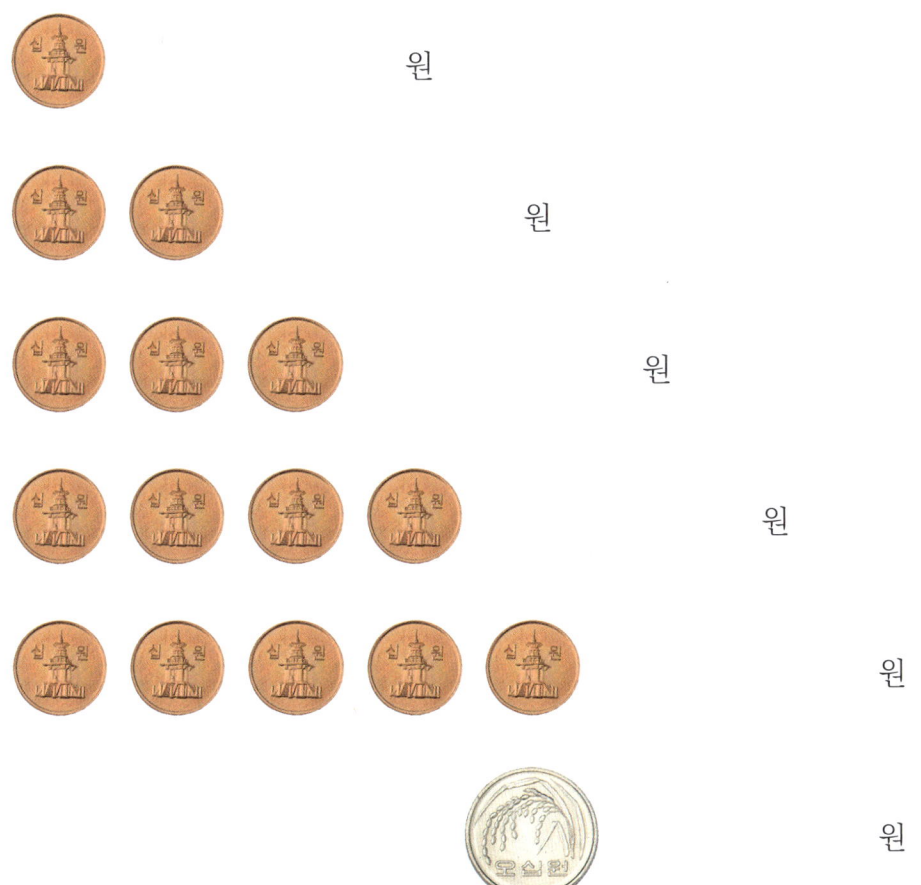

✏️ **알맞은 말에 ◯해봅시다.**

50원 1개()는 (10원 / **50원**),

10원 5개()는 (10원 / **50원**) 이므로

50원 1개와 10원 5개의 금액은 (**같습니다**/다릅니다).

합쳐서 50원이 되도록 10원 동전을 묶어보세요.

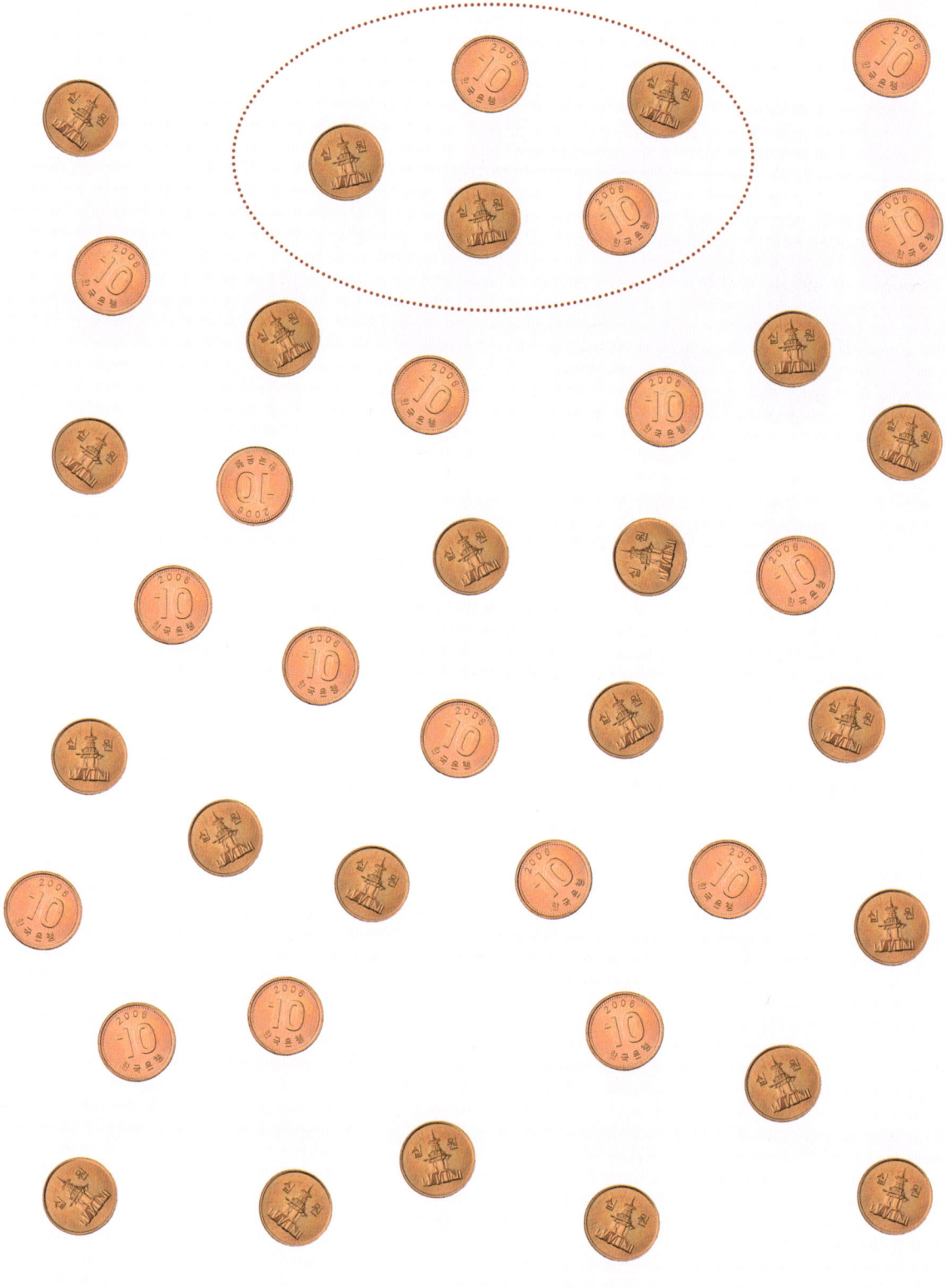

주머니 안에 있는 금액이 50원이 되도록 붙임 딱지를 붙여봅시다.

오십원 (2) 33

연습문제

✏️ 다음 화폐가 나타내는 금액을 적고 이를 한글로 적어봅시다.

금액: 한글:

✏️ 빈칸에 들어갈 알맞은 말을 <보기>에서 찾아 적어봅시다.

💗 50원 화폐 앞면에 그려진 것은 (   ) 입니다.

💗 화폐는 (   )에서 만들어집니다.

💗 50원 1개는 (   )입니다.

💗 10원 (   )는 50원 입니다.

💗 50원 1개와 10원 5개는 금액이 (   ).

<보기>

같습니다 / 벼 이삭 / 5개
한국은행 / 50원

다음 글을 읽고 물음에 답해봅시다.

윤수는 지갑에 10원이 3개 있습니다. 그런데 오늘 10원 2개를 책꽂이 아래에서 발견했습니다. 윤수가 가진 돈은 모두 얼마일까요?

♥ 윤수가 가진 돈만큼 화폐 붙임 딱지를 붙여봅시다.

위치	화폐 붙임 딱지	금액
지갑		
책꽂이		

♥ 윤수가 가진 돈은 모두 얼마인가요?

원

오중이는 50원 동전 한 개를 10원짜리 동전으로 바꾸려고 합니다. 오중이는 10원 동전을 몇 개 받을 수 있을까요?

♥ 50원 1개는 10원 몇 개와 금액이 같나요?

개

♥ 오중이가 받게 되는 10원 동전은 모두 몇 개일까요?

개

06 오십원, 십원 동전 계산하기 (1)

월   일

 50원 ~ 90원

50원과 10원 동전을 사용하여 50원부터 90원까지 나타내봅시다.

동전	개수	금액
(50원)	50원 1개	50원 / 오십원
(50원)(10원)	50원 1개 10원 1개	60원 / 육십원
(50원)(10원)(10원)	50원 1개 10원 2개	70원 / 칠십원
(50원)(10원)(10원)(10원)	50원 1개 10원 3개	80원 / 팔십원
(50원)(10원)(10원)(10원)(10원)	50원 1개 10원 4개	90원 / 구십원

📝 **50원과 10원 동전이 몇 개인지 세어보고 알맞은 금액을 숫자와 한글로 적어 봅시다.**

동전	개수		금액
(50원 1개, 10원 2개)	50원 개		(숫자)
	10원 개		(한글)
(50원 1개, 10원 1개)	50원 개		(숫자)
	10원 개		(한글)
(50원 1개)	50원 개		(숫자)
			(한글)
(50원 1개, 10원 3개)	50원 개		(숫자)
	10원 개		(한글)
(50원 1개, 10원 4개)	50원 개		(숫자)
	10원 개		(한글)

오십원, 십원 동전 계산하기 (1)

알맞은 것끼리 연결해봅시다.

70원 — 오십원

50원 — 육십원

90원 — 칠십원

60원 — 구십원

80원 — 팔십원

물건의 가격에 맞게 50원과 10원 동전을 붙여봅시다.

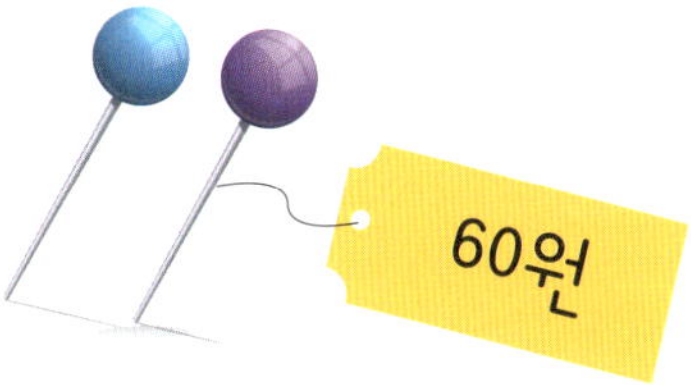

60원

70원

90원

80원

50원

✏️ **주머니 안에 있는 금액을 적어봅시다.**

원

원

원

원

✏️ 주머니 안의 금액을 적고, 하늘색 주머니에 있는 돈으로 살 수 있는 것은 하늘색, 노란색 주머니에 있는 돈으로 살 수 있는 것은 노란색으로 모두 ◯해봅시다.

원   원

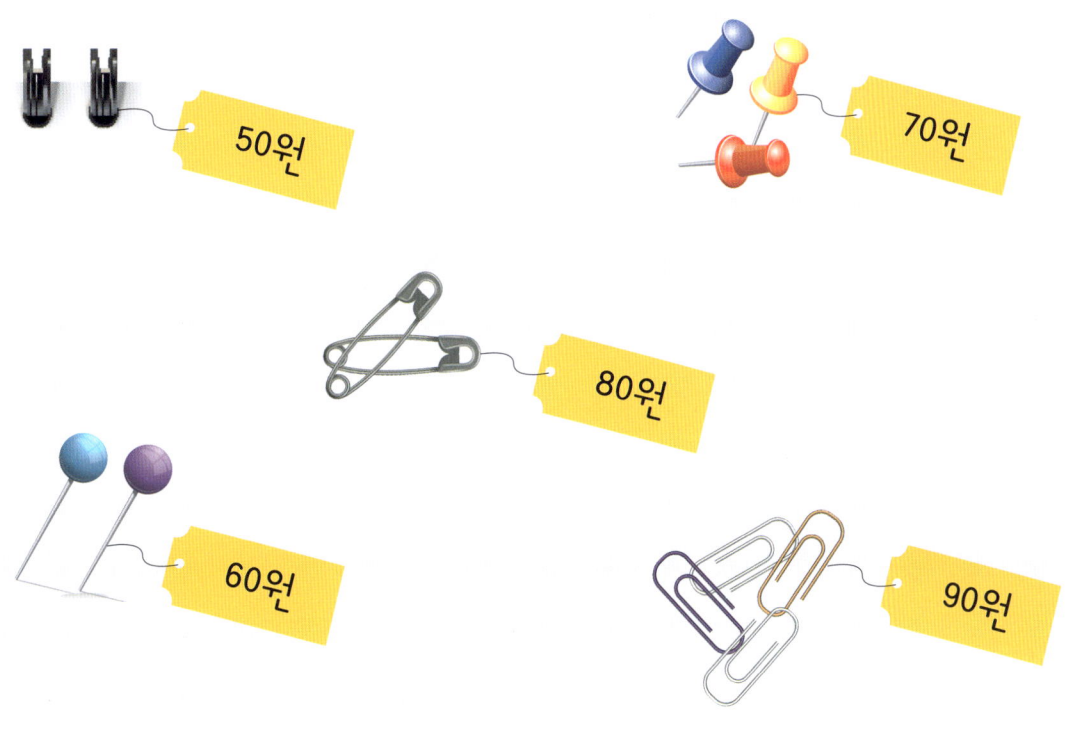

50원

70원

80원

60원

90원

07 오십원, 십원 동전 계산하기 (2)

월   일

💡 **50원 ~ 90원**

10원 동전으로 표현된 금액을 50원과 10원 동전으로 바꿔 나타내봅시다.

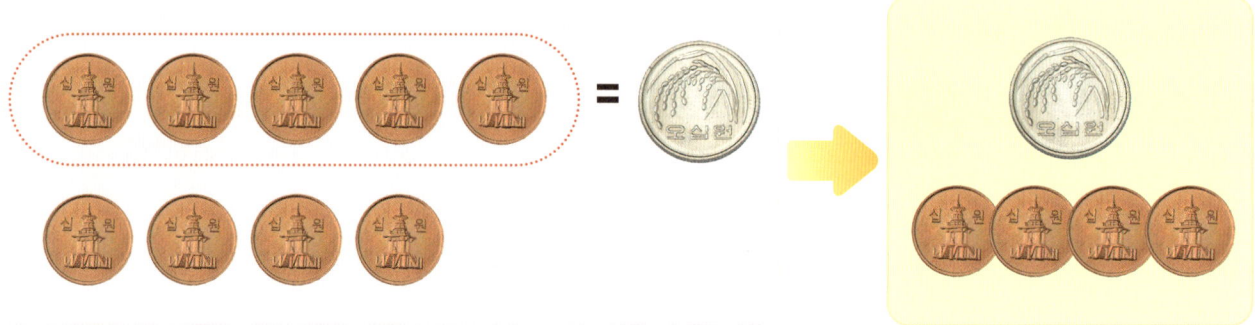

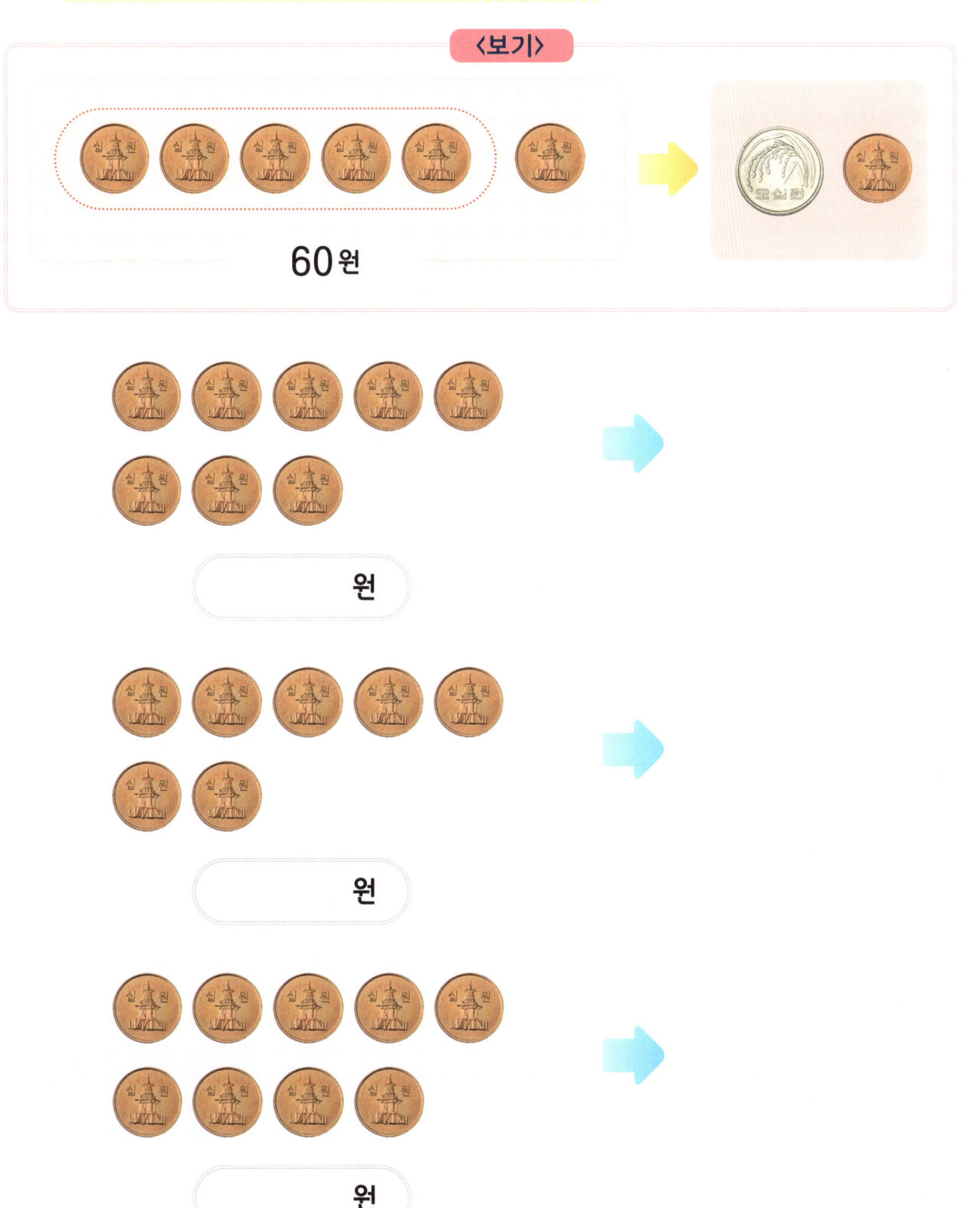

같은 금액끼리 연결해봅시다.

주머니 안에 있는 금액을 적어봅시다.

원

원

원

원

오십원, 십원 동전 계산하기 (2)

서로 같은 금액이 되도록 오른쪽 칸에 화폐 붙임 딱지를 붙여봅시다.

     =

     =

     =

     =

서로 같은 금액이 되도록 오른쪽 칸에 화폐 붙임 딱지를 붙여봅시다.

=

=

=

=

오십원, 십원 동전 계산하기 (2)

✏️ 물건의 가격과 같은 금액에 ◯ 해봅시다.

| 70원 | 50원 50원 | 50원 10원 | 50원 10원 10원 |

| 60원 | 50원 | 50원 10원 | 50원 10원 10원 |

| 80원 | 50원 | 50원 10원 10원 | 50원 10원 10원 10원 |

| 90원 | 50원 10원 10원 | 50원 10원 10원 10원 10원 |

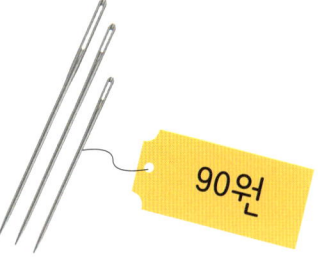 70원
 80원
 90원

안의 금액을 적고 금액의 크기에 맞게 부등호(>, <, =)를 표시해봅시다.

원    원

원    원

원    원

원    원

다음 글을 읽고 물음에 답해봅시다.

종우는 지갑을 열어보니 50원 1개, 10원 2개가 있었습니다. 종우가 가진 돈을 모두 10원 짜리로 바꾸면 10원 동전이 모두 몇 개가 될까요?

♥ 종우가 가진 돈은 얼마인가요?

　　　　　　　　　　　　　　　　　　　　　　　　　　　　　　　　원

♥ 종우가 가진 돈을 모두 10원 동전으로 바꿔 화폐 붙임 딱지로 나타내보세요.

♥ 10원 동전이 모두 몇 개가 되나요?

　　　　　　　　　　　　　　　　　　　　　　　　　　　　　　　　개

윤수는 지갑을 열어보니 10원 8개가 있었습니다. 윤수가 가진 돈을 50원 동전을 포함하여 나타낸다면, 50원 1개와 10원 몇 개로 나타낼 수 있을까요?

♥ 윤수가 가진 돈은 얼마인가요?

　　　　　　　　　　　　　　　　　　　　　　　　　　　　　　　　원

♥ 윤수가 가진 돈을 50원 동전을 포함하여 화폐 붙임 딱지로 나타내보세요.

♥ 50원 1개와 10원 몇 개로 나타낼 수 있나요?

　　　　　　　　　　　　　　　　　　　　　　　　　　　　　　　　개

08 백원 (1)

월 일

💡 100원

〈 앞 면 〉

〈 뒷 면 〉

💡 100원 동전을 자세히 살펴봅시다.

1 이순신 장군
100원 동전에는 임진왜란 때 조선을 구한 **이순신 장군**이 새겨져 있습니다.

2 발행년도
동전의 뒷면에는 **화폐가 만들어진 년도**가 적혀있습니다.

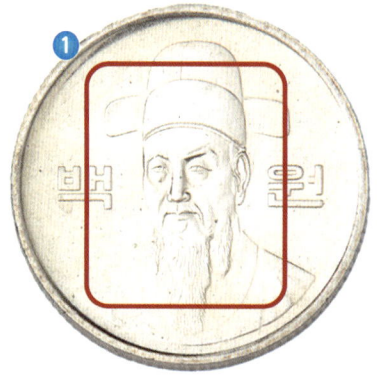

3 한국은행
화폐는 **한국은행**에서 만들어집니다.

💡 100원 동전을 종이 아래에 놓고 색연필 혹은 연필로 색칠해봅시다.

✏️ 질문에 알맞은 답을 써봅시다.

💗 100원 화폐에는 누가 그려져 있나요?

💗 화폐는 어디에서 만들어지나요?

😊 알아두기

- 100원은 동전 중 두 번째로 큰 단위의 돈입니다.
- 100원이라 쓰고 백원이라고 읽습니다.

붙임딱지를 붙여 100원 화폐를 완성해봅시다.

 100원 동전을 모두 찾아 ◯하세요.

 따라 써봅시다.

100원	백원	100원	백원

이야기글

지금은 사용하지 않는 동전 이야기

옛날에는 사용했지만 지금은 사용하지 않는 동전들도 있습니다. 바로 1원과 5원 동전입니다.

1원 동전에는 무궁화 꽃이 그려져 있습니다. 무궁화는 우리나라를 대표하는 꽃입니다. 무궁화는 오랫동안 피고 지며 새로운 꽃을 매일 피우는데 이 모습이 어떤 어려움에도 굴하지 않는 한국인의 정신과 닮았다고 합니다.

5원 동전에는 거북선이 그려져 있습니다. 거북선은 이순신 장군이 일본군과의 싸움에서 이기기 위해 만든 특별한 배입니다. 배 위는 거북이 등껍질처럼 딱딱한 철로 만든 뚜껑이 있어서 적의 화살이나 공격을 막아줄 수 있었고, 배 앞에는 용 머리 모양이 있어서 적들이 아주 무서워했다고 합니다.

이렇게 1원과 5원 동전에는 우리나라의 문화와 역사를 대표하는 중요한 그림들이 담겨 있었습니다. 하지만 이제는 이 동전들로 살 수 있는 물건이 없어 사용되지 않습니다.

빈칸을 알맞게 채워보세요.

- 1원 동전에는 (　　　　　)이 그려져 있습니다.

- 무궁화는 (　　　　　)를 대표하는 꽃입니다.

- 5원 동전에는 (　　　　　)이 그려져 있습니다.

- 거북선은 (　　　　　)이 일본군과의 싸움에서 이기기 위해 만든 특별한 배입니다.

09 백원 (2)

100원

50원 동전과 10원 동전을 사용하여 100원을 나타내봅시다.

알아두기

- 10원이 10개 있으면 100원입니다.
- 50원이 1개, 10원이 5개 있으면 100원입니다.
- 50원이 2개 있으면 100원입니다.

10원으로 100원을 표현해봅시다.

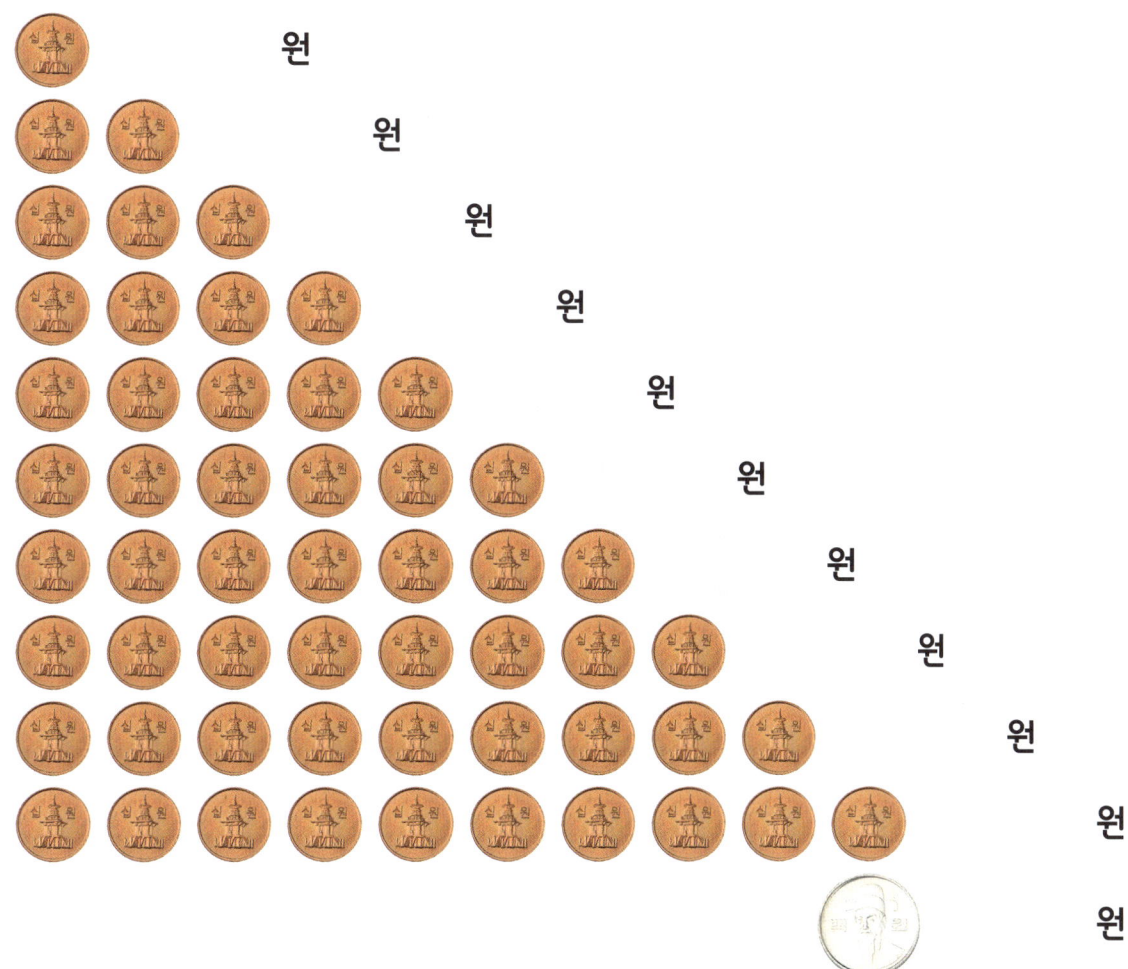

원
원
원
원
원
원
원
원
원
원

알맞은 말에 ◯해봅시다.

100원 1개( )는 (100원 / 10원),

10원 10개( )는

(50원 / 100원) 이므로

100원 1개와 10원 10개의 금액은 (같습니다/다릅니다).

✏️ **10원과 50원으로 100원을 표현해봅시다.**

　　　　원
　　　　원
　　　　원
　　　　원
　　　　원
　　　　원
　　　　원

✏️ **50원으로 100원을 표현해봅시다.**

　　　　원
　　　　원
　　　　원

✏️ **빈칸에 알맞은 말을 쓰세요.**

- 50원 1개()와 10원 5개(　　　)를 합치면
  (　　　)원입니다.
- 50원 2개(　　)는 (　　　)원입니다.

합쳐서 100원이 되도록 동전을 묶어보세요.

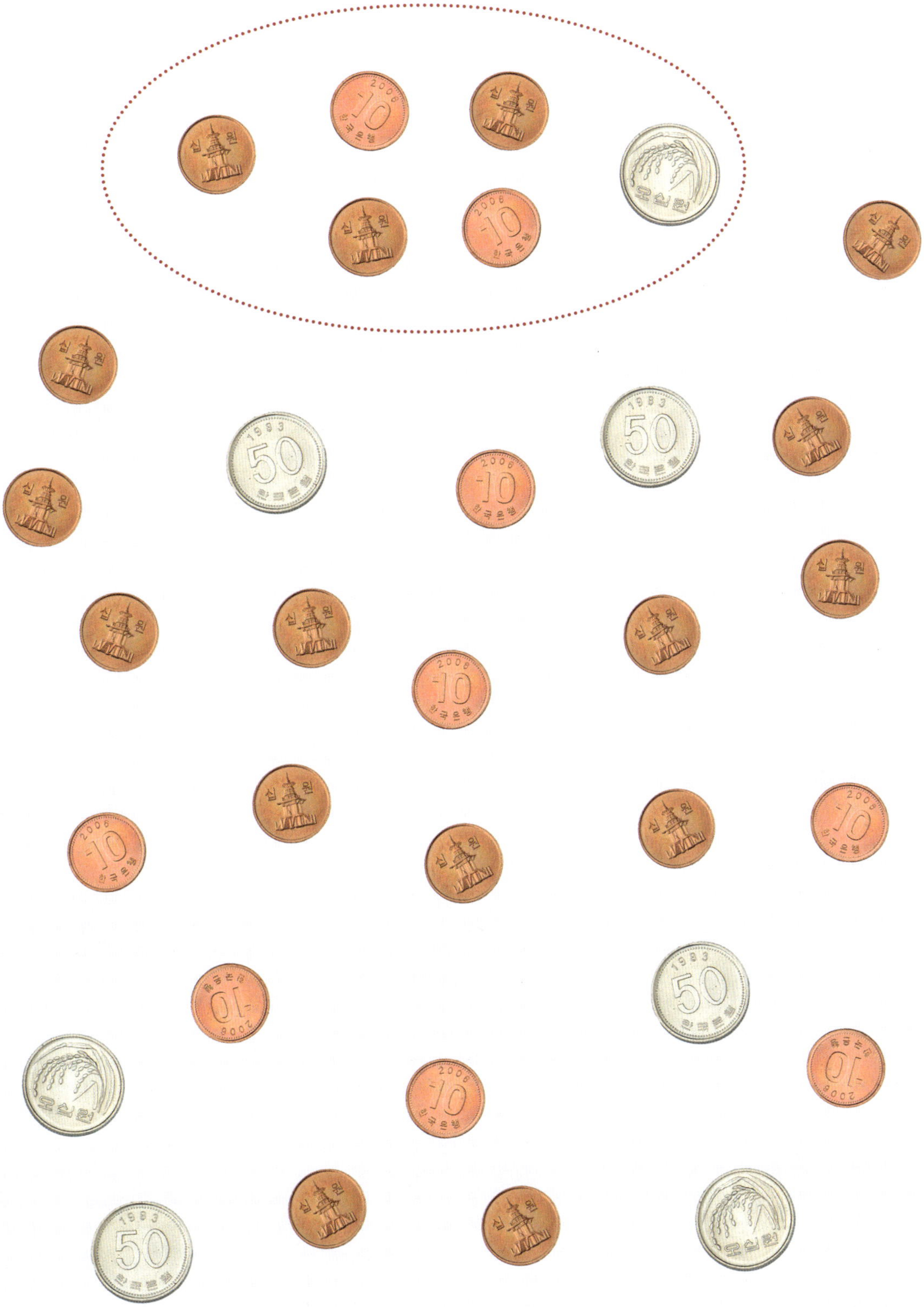

백원 (2)

합쳐서 100원이 되도록 연결해봅시다.

✏️ 주머니 안에 있는 금액이 백원이 되도록 필요한 붙임 딱지를 붙여주세요.

연습문제

✏️ 다음 화폐가 나타내는 금액을 적고 이를 한글로 적어봅시다.

금액: 한글:

✏️ 빈칸에 들어갈 알맞은 말을 <보기>에서 찾아 적어봅시다.

💗 100원 화폐 앞면에 그려진 사람은 (   ) 입니다.

💗 50원 (   )의 값은 100원입니다.

💗 100원 1개의 값은 (   ) 입니다.

💗 10원 (   )는 100원입니다.

💗 50원 1개와 10원 (   )를 합치면 100원 입니다.

<보기>

2개 / 이순신 장군 / 5개 /
100원 / 10개

다음 글을 읽고 물음에 답해봅시다.

단비는 지갑에 10원 동전 5개가 있습니다 그런데 오늘 50원 동전 1개를 냉장고 밑에서 발견했습니다. 단비가 가진 돈은 모두 얼마일까요?

💟 단비가 가진 돈만큼 화폐 붙임 딱지를 붙여봅시다.

위치	화폐 붙임 딱지
지갑	
냉장고 밑	

💟 단비가 가진 돈은 모두 얼마인가요?

원

다운이는 100원짜리 머리핀을 사려고 합니다. 다운이가 10원과 50원 동전을 사용하여 머리핀을 계산할 수 있는 방법 3가지는 무엇일까요?

💟 다운이가 머리핀을 살 수 있는 방법 3가지를 화폐 붙임 딱지로 붙여봅시다.

방법	화폐 붙임 딱지
방법 1	
방법 2	
방법 3	

10 백원 동전 계산하기 (1)

 100원 ~ 500원

100원 동전을 사용하여 100원부터 500원까지 나타내봅시다.

동전	개수	금액
	100원 1개	100원 백원
	100원 2개	200원 이백원
	100원 3개	300원 삼백원
	100원 4개	400원 사백원
	100원 5개	500원 오백원

✏️ **100원 동전이 몇 개인지 세어보고 알맞은 금액을 숫자와 한글로 적어봅시다.**

동전	100원	개	(숫자) / (한글)
🪙🪙	100원	개	(숫자) (한글)
🪙	100원	개	(숫자) (한글)
🪙🪙🪙	100원	개	(숫자) (한글)
🪙🪙🪙🪙	100원	개	(숫자) (한글)
🪙🪙🪙🪙🪙	100원	개	(숫자) (한글)

백원 동전 계산하기 (1)

알맞은 것끼리 연결해봅시다.

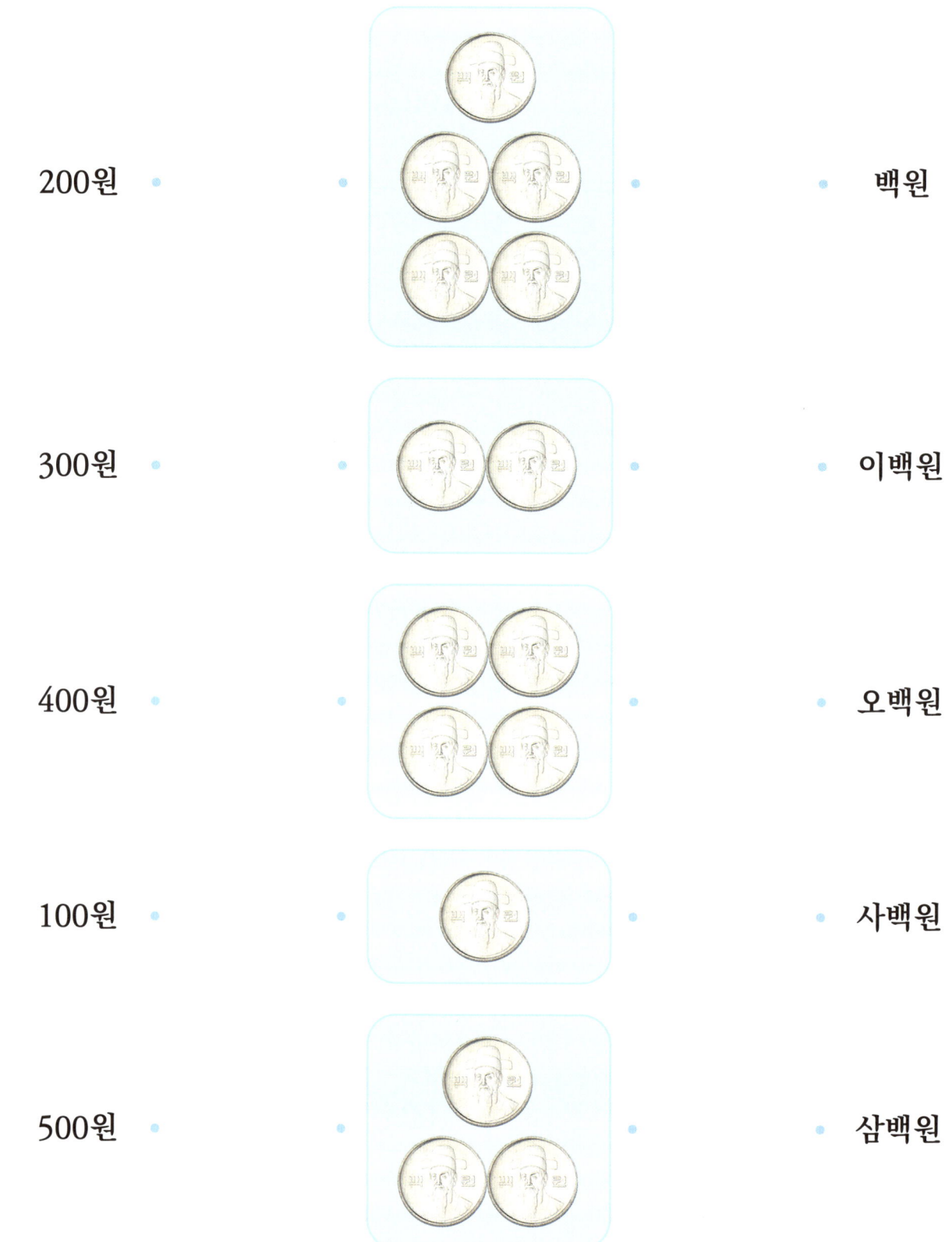

200원 · · 백원

300원 · · 이백원

400원 · · 오백원

100원 · · 사백원

500원 · · 삼백원

✏️ 물건의 가격에 맞게 100원 동전을 붙여봅시다.

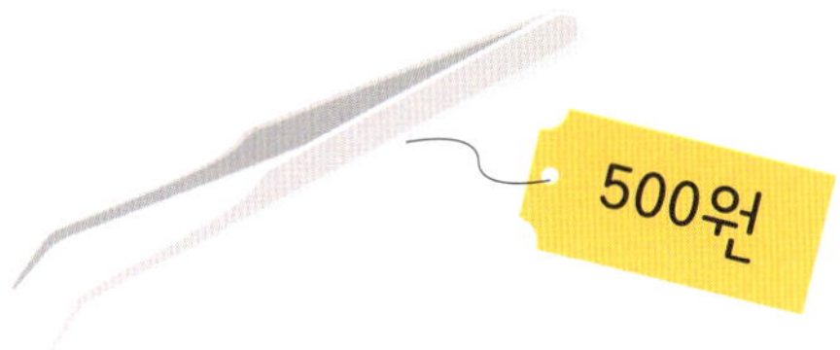

400원

300원

100원

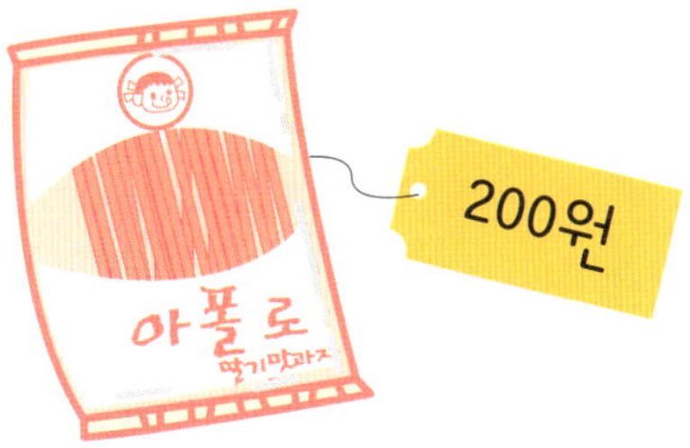

200원

500원

백원 동전 계산하기 (1)

✏️ **주머니 안에 있는 금액을 적어봅시다.**

원

원

원

원

주머니 안의 금액을 ☐ 안에 적고 그 돈으로 살 수 있는 물건에 모두 ◯ 해봅시다.

 원

 100원

 200원 300원

 원

400원 500원 600원

 원

500원 600원 700원

11 백원 동전 계산하기 (2)

 600원 ~ 900원

100원 동전을 사용하여 600원부터 900원까지 나타내봅시다.

동전	개수	금액
(100원 동전 6개)	100원 6개	600원 육백원
(100원 동전 7개)	100원 7개	700원 칠백원
(100원 동전 8개)	100원 8개	800원 팔백원
(100원 동전 9개)	100원 9개	900원 구백원

100원 동전이 몇 개인지 세어보고 알맞은 금액을 숫자와 한글로 적어봅시다.

동전	개수	금액
(7개)	100원 개	(숫자) (한글)
(6개)	100원 개	(숫자) (한글)
(11개)	100원 개	(숫자) (한글)
(8개)	100원 개	(숫자) (한글)

백원 동전 계산하기 (2)

✏️ **알맞은 것끼리 연결해봅시다.**

600원 •　　　[8개 동전]　　　• 팔백원

800원 •　　　[6개 동전]　　　• 육백원

700원 •　　　[9개 동전]　　　• 구백원

900원 •　　　[7개 동전]　　　• 칠백원

물건의 가격만큼 100원 동전을 ◯해봅시다.

700원

600원

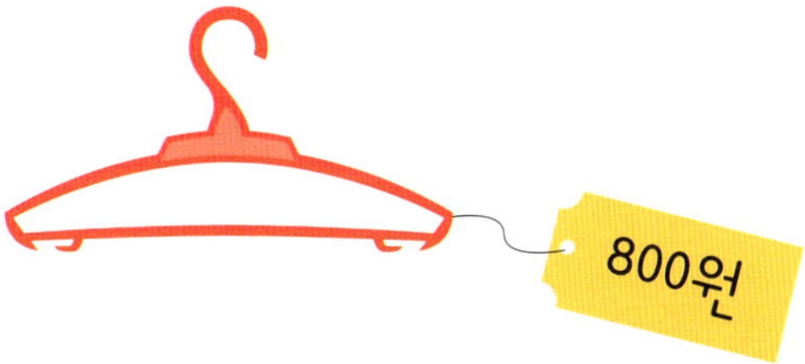

800원

900원

백원 동전 계산하기 (2)

주머니 안에 있는 금액이 ◯ 안의 금액이 되도록 화폐 붙임 딱지를 붙여봅시다.

800원

700원

900원

600원

주머니 안의 금액을 적고, 하늘색 주머니에 있는 돈으로 살 수 있는 것은 하늘색, 분홍색 주머니에 있는 돈으로 살 수 있는 것은 분홍색으로 모두 ◯ 해봅시다.

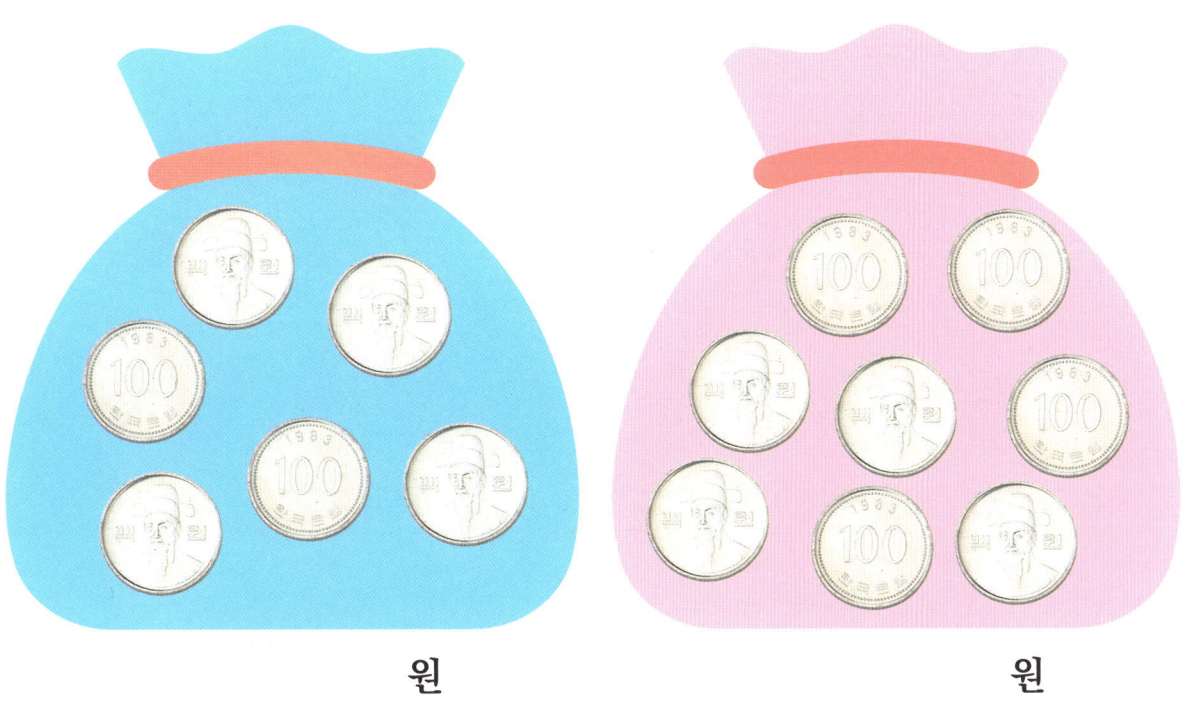

  원   원

500원 700원 800원 600원 900원

백원 동전 계산하기 (2)

연습문제

주머니 안에 있는 금액을 적어봅시다.

원

원

원

원

안의 금액을 적고 금액의 크기에 맞게 부등호(>, <, =)를 표시해봅시다.

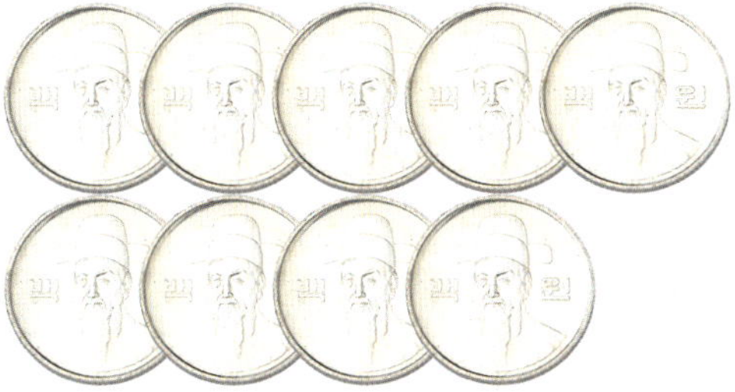

900 원	>	300 원
200 원	<	100 원
100 원	=	200 원
800 원	<	900 원

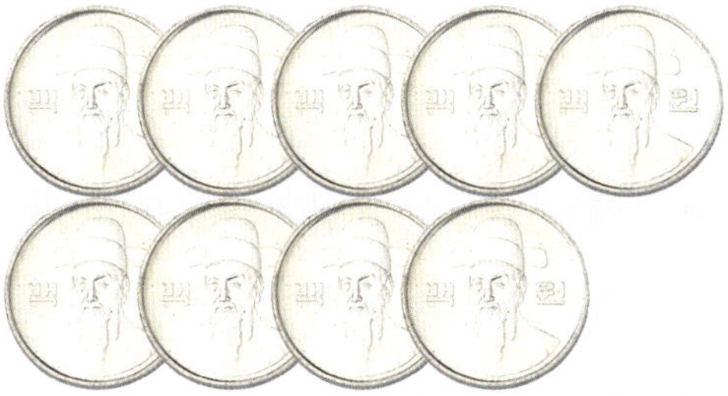

안의 금액을 적고 금액의 크기에 맞게 부등호(>, <, =)를 표시해봅시다.

	원		원
	원		원
	원		원
	원		원

✏️ 동은이는 마음에 드는 문구류를 골라놨습니다. 물음에 답해봅시다.

💗 가장 싼 물건은 무엇인가요?

💗 지우개를 산다면 100원 동전이 몇 개 필요할까요?

　　　　　　　　　　　　　　　　　　　　　　　　　개

💗 800원으로 살 수 <u>없는</u> 물건은 무엇인가요?

💗 가장 사고 싶은 물건을 적고 100원 동전이 몇 개 필요한지 적어봅시다.

> 가장 사고 싶은 물건은 　　　　　이고
>
> 100원 동전 　　개가 필요합니다.

다음 글을 읽고 물음에 답해봅시다.

유정이는 편의점에서 간식으로 우유와 초콜릿을 사먹었습니다. 우유가 500원, 초콜릿이 400원일 때, 유정이가 쓴 돈은 모두 얼마인가요?

♥ 유정이가 쓴 돈을 적고 화폐 붙임 딱지를 붙여봅시다.

구매한 것	가 격	화폐 붙임 딱지
우유	500원	

♥ 유정이가 편의점에서 쓴 돈은 모두 얼마인가요?

원

지연이는 100원 6개를 가지고 있습니다. 인형 뽑기를 1번 하기 위해 300원이 필요하다고 하면, 지연이는 인형 뽑기를 몇 번 할 수 있을까요?

♥ 지연이가 가진 돈은 모두 얼마인가요?

원

♥ 인형 뽑기 1번할 수 있는 만큼의 돈을 ◯ 해봅시다.
지연이는 인형 뽑기를 몇 번 할 수 있나요?

번

다음 글을 읽고 물음에 답해봅시다.

주원이는 600원짜리 슬라임을 사기 위해 100원 동전 3개 모았습니다. 주원이는 얼마를 더 모아야 슬라임을 살 수 있을까요?

💗 주원이가 사려는 것의 가격을 적고 화폐 붙임 딱지를 붙여봅시다.

사려는 것	가 격	화폐 붙임 딱지

💗 주원이가 모은 돈만큼 화폐 붙임 딱지를 붙여봅시다.

주원이가 모은 돈	화폐 붙임 딱지

💗 주원이가 슬라임을 사기 위해선 얼마가 더 필요할까요?

원

하련이는 100원 5개를 가지고 있습니다. 수련이는 100원 2개를 가지고 있습니다. 누가 얼마나 더 많은 돈을 가지고 있나요?

💗 하련이와 수련이가 가진 돈은 각각 얼마인가요?

하련 :   원,   수련 :   원

💗 누가 얼마나 더 많은 돈을 가지고 있나요?

💡 (큰 금액) - (작은 금액)을 하여 금액을 비교해요.

                      ,   원

12 오백원 (1)

월   일

💡 **500원**

〈 앞 면 〉

〈 뒷 면 〉

💡 **500원 동전을 자세히 살펴봅시다.**

① 두루미
500원 동전에는 우리나라 철새 중 하나인 **두루미**가 새겨져 있습니다.

② 발행년도
동전의 뒷면에는 **화폐가 만들어진 년도**가 적혀있습니다.

③ 한국은행
화폐는 **한국은행**에서 만들어집니다.

🔍 **500원 동전을 종이 아래에 놓고 색연필 혹은 연필로 색칠해봅시다.**

✏️ **질문에 알맞은 답을 써봅시다.**

💗 500원 화폐에는 어떤 동물이 그려져 있나요?

💗 화폐는 어디에서 만들어지나요?

😊 **알아두기**
- 500원은 동전 중 가장 큰 단위의 돈입니다.
- 500원이라 쓰고 오백원이라고 읽습니다.

붙임딱지를 붙여 500원 화폐를 완성해봅시다.

 500원 동전을 찾아 모두 ◯하세요.

 따라 써봅시다.

500원	오백원	500원	오백원

 이야기 글

로마의 트레비 분수

로마의 트레비 분수는 세계에서 가장 유명한 분수 중 하나입니다. 사람들은 이곳에서 소원을 빌며 동전을 분수에 던지곤 해요. 왜 동전을 던질까요?

전해지는 이야기로는, 트레비 분수에 동전을 던지면 소원이 이루어진다는 말이 있답니다. 그래서 많은 사람들이 동전을 던지며 소원을 빌어요.

동전을 던지는 방법은 아주 간단해요. 오른손에 동전을 들고, 왼쪽 어깨 너머로 던지면 됩니다. 이렇게 던지면 소원이 이루어진다고 해요. 그렇게 트레비 분수에는 매년 약 23억원 정도가 모인다고 합니다.

이 돈은 로마의 어려운 사람들을 돕는 데 사용됩니다. 그래서 트레비 분수에 동전을 던지는 것은 소원을 빌면서도 다른 사람을 도울 수 있는 좋은 일이랍니다.

 내가 만약 트레비 분수에 간다면 어떤 소원을 빌고 싶나요? 이루고 싶은 소원을 적어봅시다

13 오백원 (2)

 500원

100원 동전을 사용하여 500원을 나타내봅시다.

알아두기

- 100원이 5개 있으면 500원입니다.
- 백원이 다섯개 있으면 오백원입니다.

     =

100원 동전을 사용하여 500원을 나타내봅시다.

100원

200원

300원

400원

500원

500원

알맞은 말에 ◯해봅시다.

500원 1개( )는 (100원 / **500원**),

100원 5개( )는 (100원 / **500원**) 이므로

500원 1개와 100원 5개의 금액은 (**같습니다**/다릅니다).

합쳐서 500원이 되도록 100원 동전을 묶어보세요.

주머니 안에 있는 금액이 500원이 되도록 붙임 딱지를 붙여봅시다.

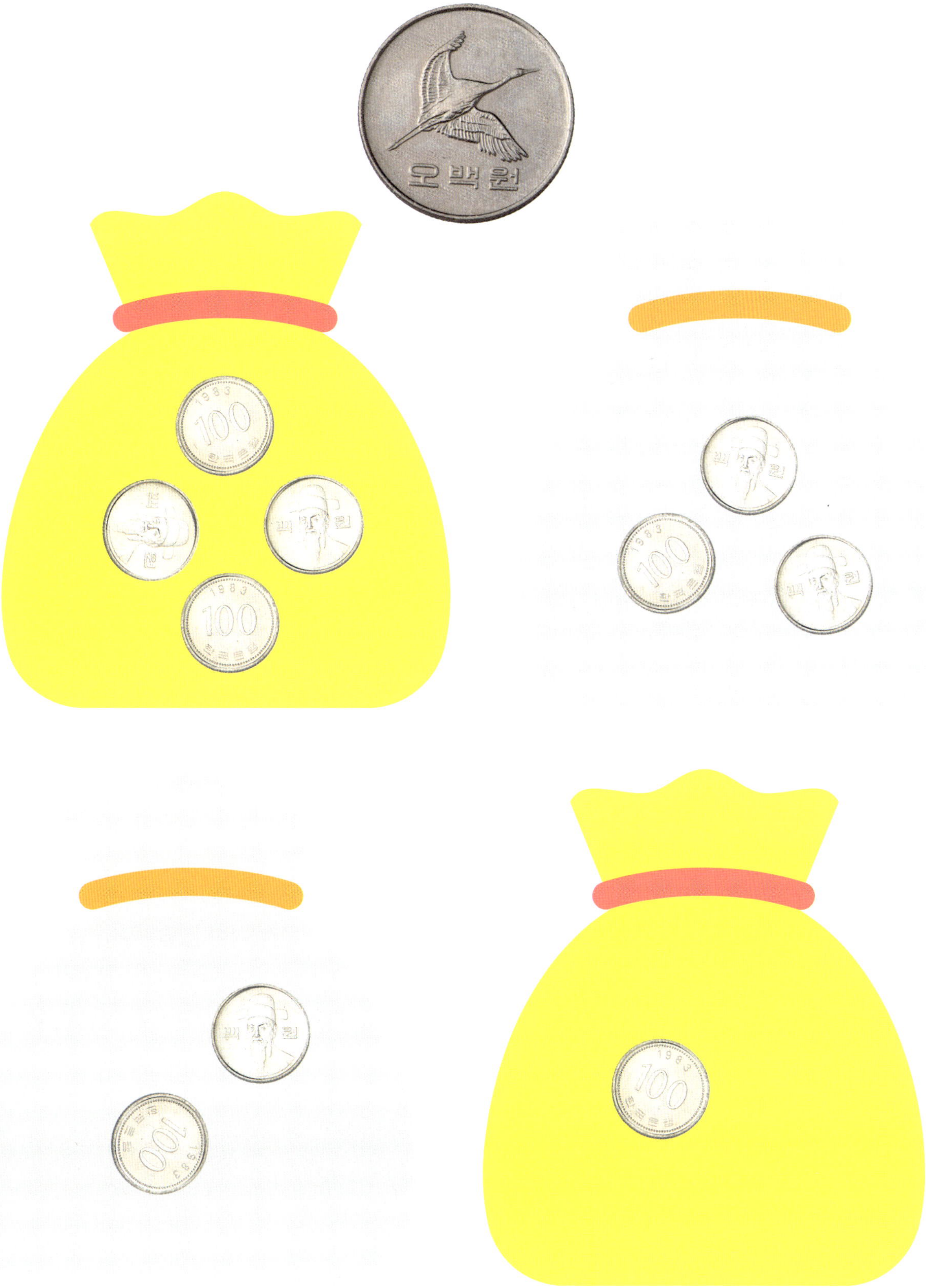

✏️ 다음 화폐가 나타내는 금액을 적고 이를 한글로 적어봅시다.

금액: 한글:

✏️ 빈칸에 들어갈 알맞은 말을 <보기>에서 찾아 적어봅시다.

💗 500원 화폐 앞면에 그려진 것은 (   ) 입니다.

💗 100원 (   )의 값은 500원입니다.

💗 500원 1개의 값은 (   ) 입니다.

💗 500원 동전 뒷면에는 동전이 만들어진 (   )가 적혀 있습니다.

💗 두루미는 우리나라 (   )입니다.

<보기>

년도 / 두루미 / 5개
500원 / 철새

다음 글을 읽고 물음에 답해봅시다.

수경이는 지갑에 100원 1개가 있습니다. 그런데 오늘 100원 4개를 저금통에서 발견했습니다. 수경이가 가진 돈은 모두 얼마일까요?

💗 수경이가 가진 돈만큼 화폐 붙임 딱지를 붙여봅시다.

위치	화폐 붙임 딱지	금액
지갑		
저금통		

💗 수경이가 가진 돈은 모두 얼마인가요?

원

원재는 500원 1개를 100원 동전으로 바꾸기 위해 화폐 교환기에 넣었습니다.
화폐 교환기에서 원재가 받는 100원 동전은 모두 몇 장일까요?

💗 100원이 몇 개 있으면 500원인가요?

개

💗 원재가 화폐 교환기에서 받는 100원 동전은 모두 몇 개일까요?

개

14 오백원, 백원 동전 계산하기 (1)

월   일

 500원 ~ 900원

500원과 100원 동전을 사용하여 500원부터 900원까지 나타내봅시다.

동전	개수	금액
	500원 1개	500원 오백원
	500원 1개 100원 1개	600원 육백원
	500원 1개 100원 2개	700원 칠백원
	500원 1개 100원 3개	800원 팔백원
	500원 1개 100원 4개	900원 구백원

✏️ **500원과 100원 동전이 몇 개인지 세어보고 알맞은 금액을 숫자와 한글로 적어봅시다.**

(500원 1개, 100원 3개)	500원	개	(숫자)
	100원	개	(한글)
(500원 1개, 100원 1개)	500원	개	(숫자)
	100원	개	(한글)
(500원 1개)	500원	개	(숫자)
			(한글)
(500원 1개, 100원 2개)	500원	개	(숫자)
	100원	개	(한글)
(500원 1개, 100원 4개)	500원	개	(숫자)
	100원	개	(한글)

오백원, 백원 동전 계산하기 (1)

알맞은 것끼리 연결해봅시다.

700원 • • (500원 + 4×100원 = 900원) • • 팔백원

500원 • • (500원 + 2×100원 = 700원) • • 육백원

600원 • • (500원 + 1×100원 = 600원) • • 칠백원

900원 • • (500원) • • 구백원

800원 • • (500원 + 3×100원 = 800원) • • 오백원

물건의 가격에 맞게 500원과 100원 동전을 붙여봅시다.

주머니 안에 있는 금액을 적어봅시다.

원

원

원

원

주머니 안의 금액을 적고, 분홍색 주머니에 있는 돈으로 살 수 있는 것은 분홍색, 노란색 주머니에 있는 돈으로 살 수 있는 것은 노란색으로 모두 ◯해봅시다.

원   원

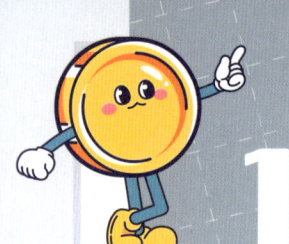

15 오백원, 백원 동전 계산하기 (2)

월 일

500원 ~ 900원

100원 동전으로 표현된 금액을 500원과 100원 동전으로 바꿔 나타내봅시다.

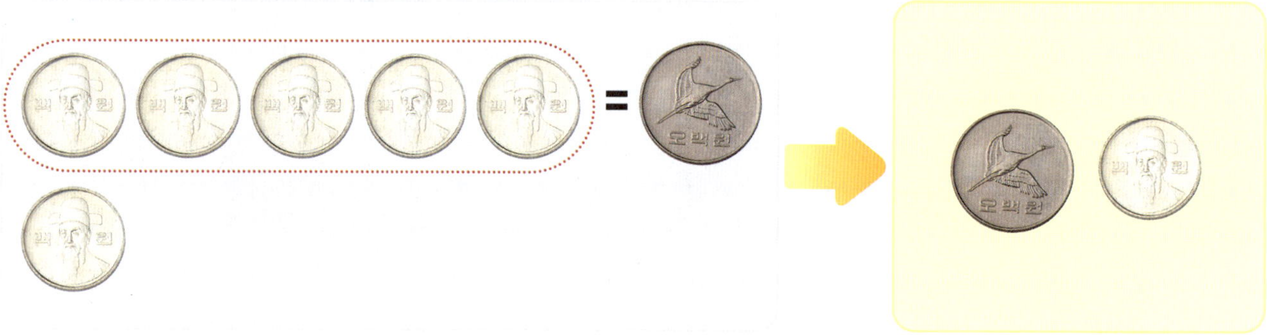

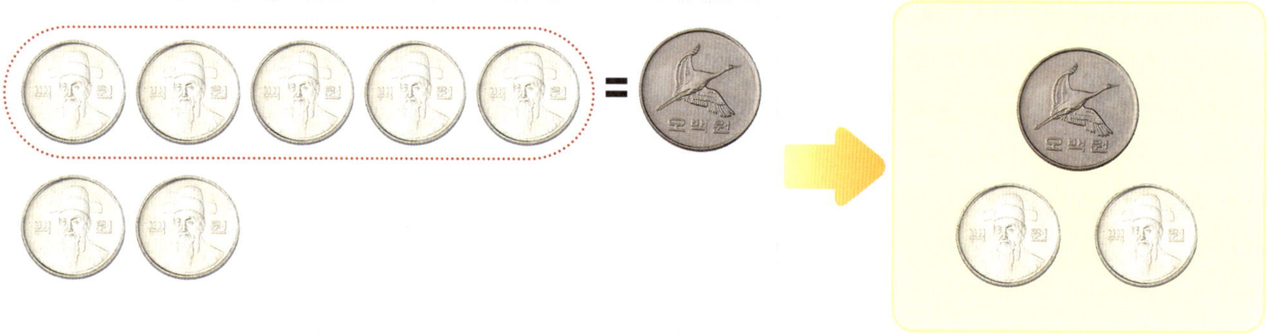

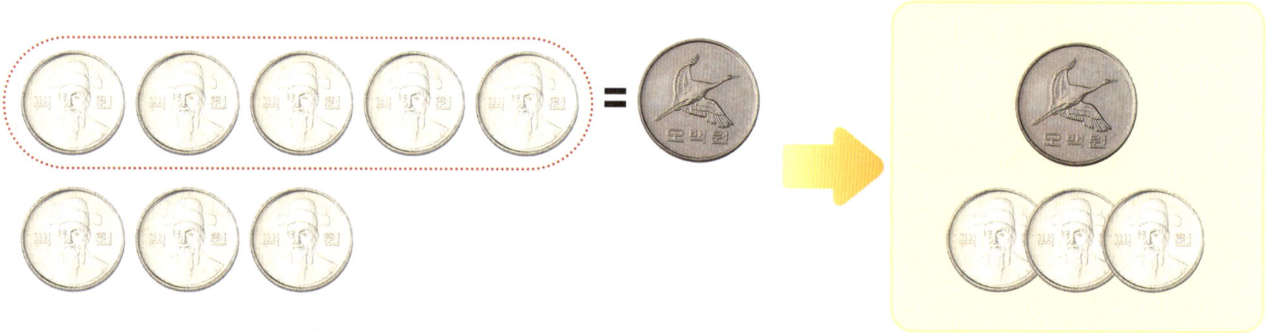

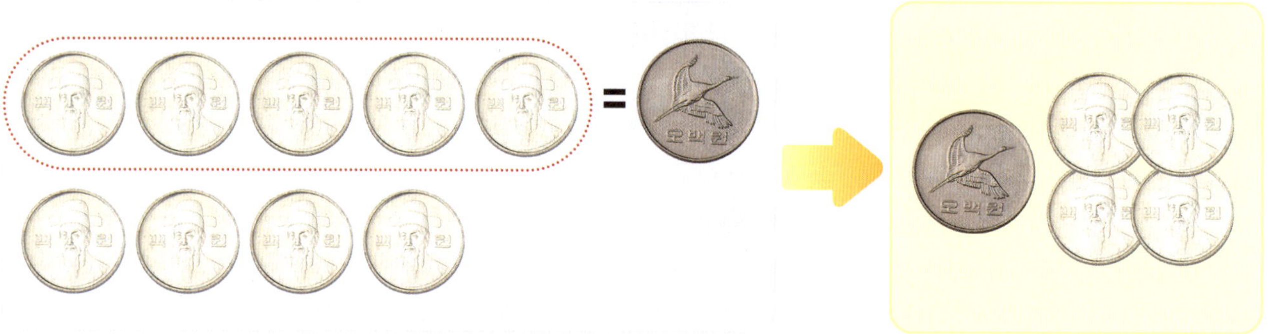

안의 금액이 얼마인지 적고, <보기>와 같이 500원 만큼 ◯한 후에 이를 500원과 100원 동전으로 바꿔 표현해봅시다.

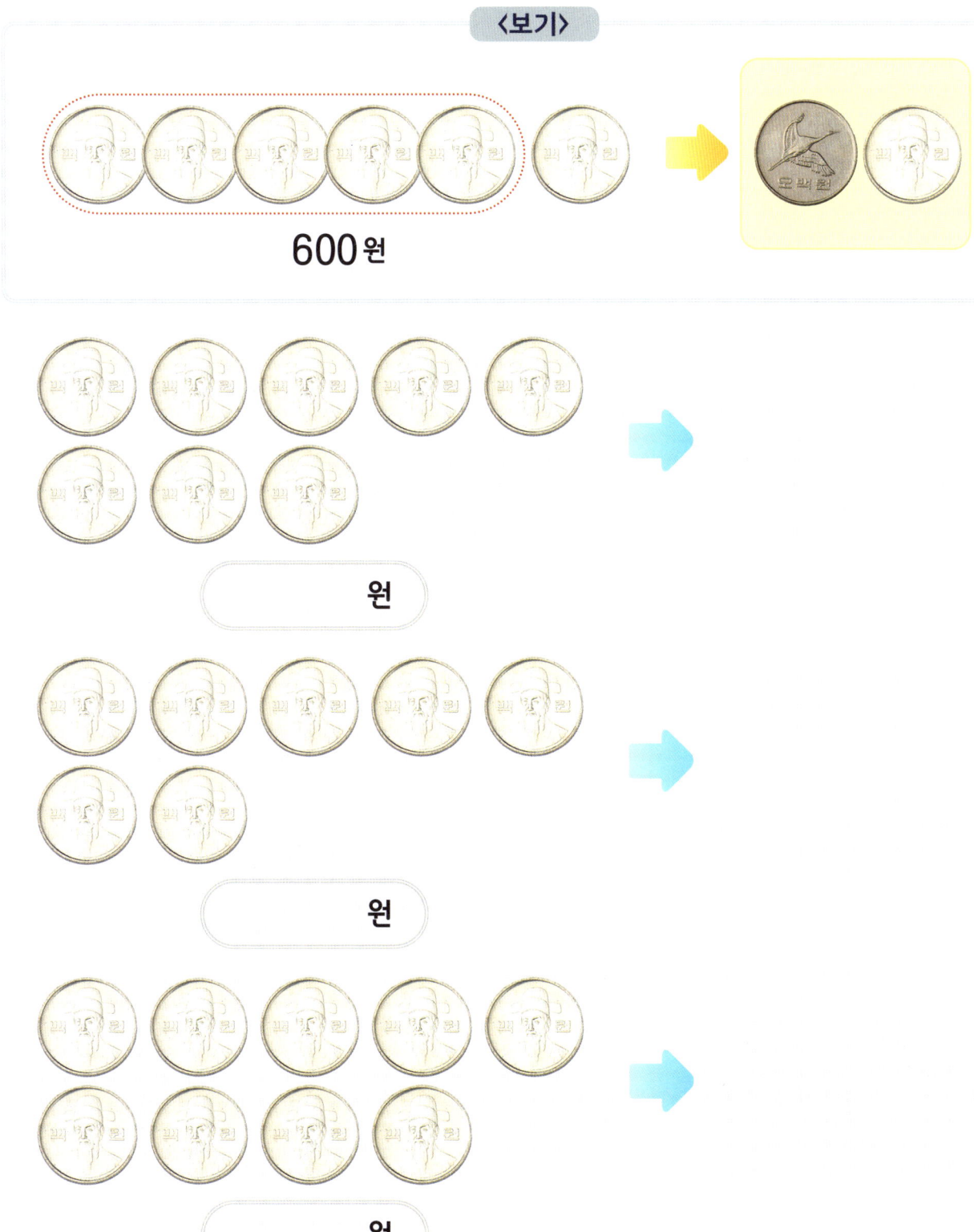

✏️ **같은 금액끼리 연결해봅시다.**

주머니 안에 있는 금액을 적어봅시다.

원

원

원

원

서로 같은 금액이 되도록 오른쪽 칸에 화폐 붙임 딱지를 붙여봅시다.

서로 같은 금액이 되도록 오른쪽 칸에 화폐 붙임 딱지를 붙여봅시다.

 =

 =

 =

 =

오백원, 백원 동전 계산하기 (2) 103

연습문제

✏️ 주머니 안에 있는 금액을 적어봅시다.

_____ 원

_____ 원

_____ 원

_____ 원

물건의 가격과 같은 금액에 ◯ 해봅시다.

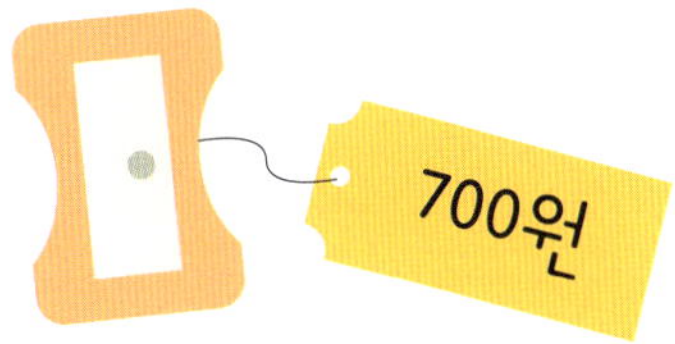

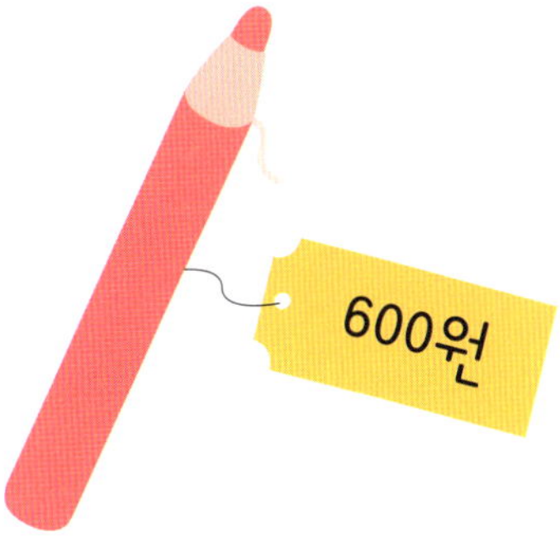

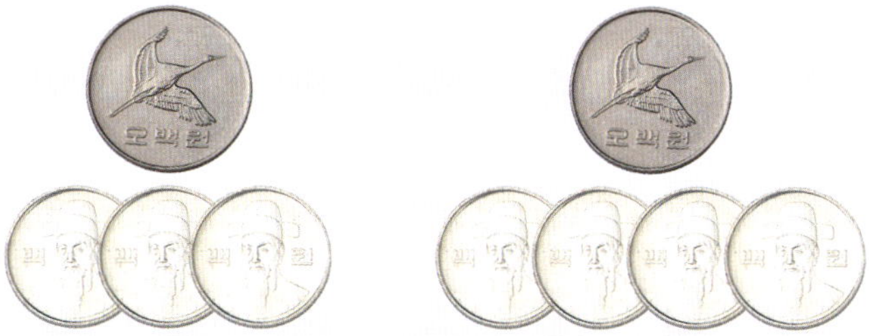

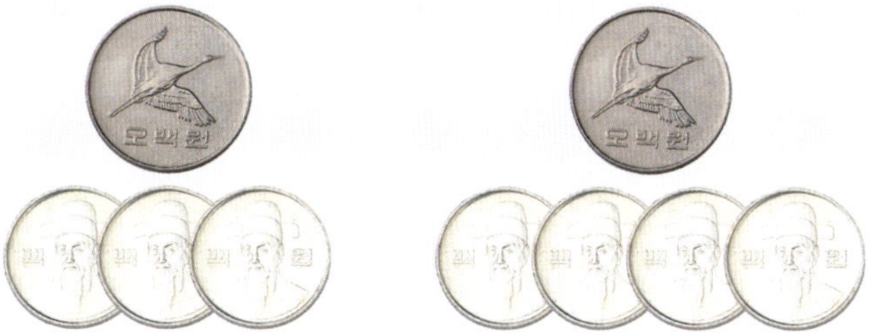

안의 금액을 적고 금액의 크기에 맞게 부등호(>, <, =)를 표시해봅시다.

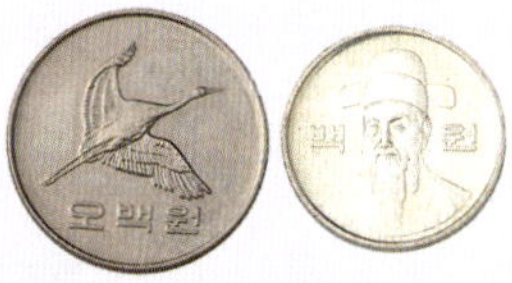

원

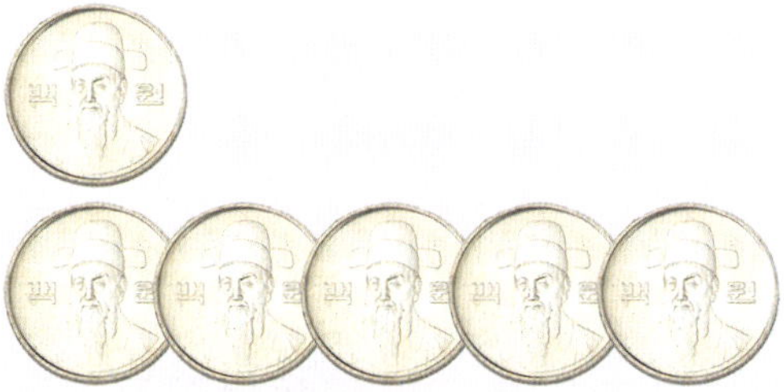

원

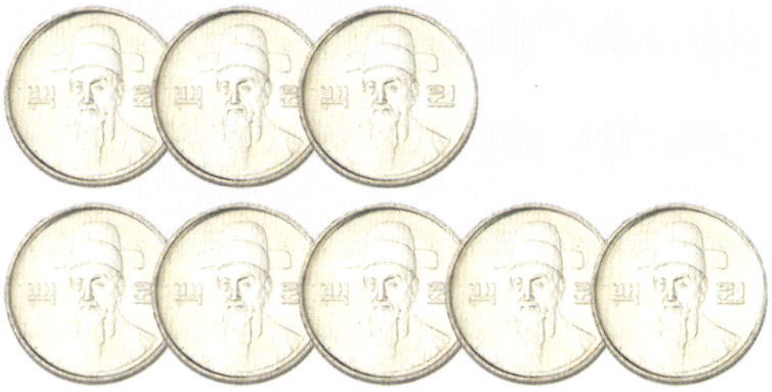

원

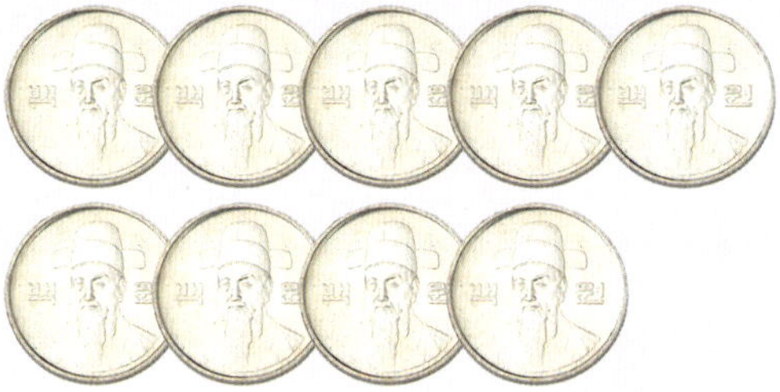

원

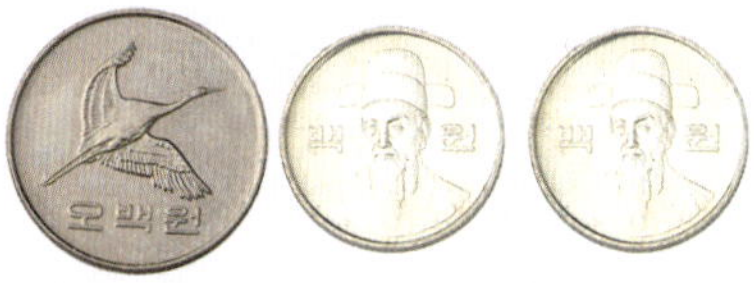

원

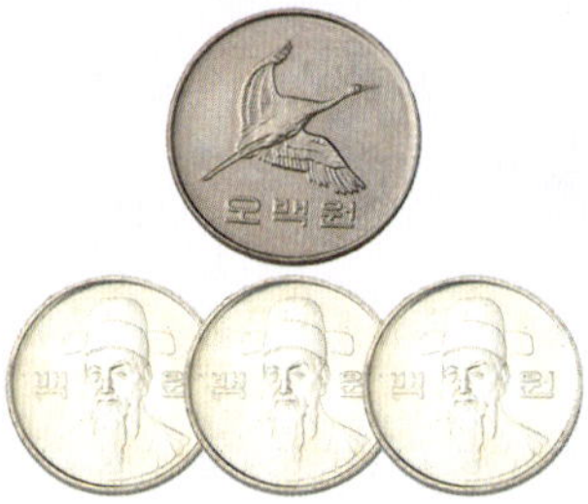

원

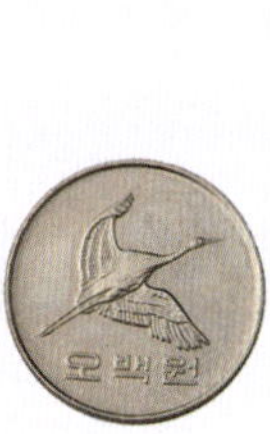

원

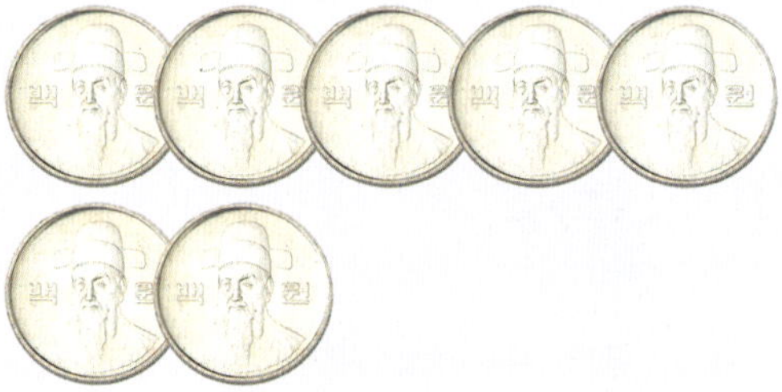

원

정훈이네 가족이 동남아 여행을 가서 사온 기념품들을 우리나라 화폐 단위로 바꿔 계산해보았습니다. 물음에 답하세요.

동남아 여행 기념품

망고 젤리
800원

초콜릿 과자
700원

코코넛 오일
900원

커피
600원

💗 가장 비싸게 사온 것은 무엇인가요?

💗 가장 저렴하게 사온 것은 무엇인가요?

💗 망고 젤리를 산다면 500원 동전 1개와 100원 동전 몇 개가 필요한가요?

개

💗 여행을 간다면 사오고 싶은 물건을 고르고 100원 동전이 몇 개 필요한지 적어봅시다.

가장 사고 싶은 물건은 　　　　　 이고

100원 동전 　　 개가 필요합니다.

다음 글을 읽고 물음에 답해봅시다.

예지는 500원 1개, 100원 2개를 가지고 있습니다. 진희는 100원 2개를 가지고 있습니다.
예지와 진희가 가진 돈은 모두 얼마일까요?

💟 예지와 진희가 가진 돈만큼 화폐 붙임 딱지를 각각 붙여봅시다.

이름	화폐 붙임 딱지
예지	
진희	

💟 예지와 진희가 가진 돈은 모두 얼마인가요?

원

서현이는 500원 1개를 가지고 있습니다. 나일은 100원 1개를 가지고 있습니다.
물음에 답해봅시다.

💟 서현이와 나일이 가진 돈은 모두 얼마인가요?

원

💟 서현이와 나일이 가진 돈으로 살 수 있는 물건에 ◯를 해봅시다.

다음 글을 읽고 물음에 답해봅시다.

태리는 500원 1개와 100원 3개를 가지고 있습니다. 인송이는 100원 7개를 가지고 있습니다. 누가 얼마나 더 많은 돈을 가지고 있나요?

💗 태리와 인송이가 가진 돈만큼 화폐 붙임 딱지를 붙여보세요.

위치	화폐 붙임 딱지	금액
태리		
인송		

💗 누가 얼마나 더 많은 돈을 가지고 있나요?

                                    ,   원

유현이는 500원 1개와 100원 4개를 가지고 있습니다. 지은이는 100원 8개를 가지고 있습니다. 누가 얼마나 더 많은 돈을 가지고 있나요?

💗 유현이와 지은이가 가진 돈만큼 화폐 붙임 딱지를 붙여보세요.

위치	화폐 붙임 딱지	금액
유현		
지은		

💗 누가 얼마나 더 많은 돈을 가지고 있나요?

                                    ,   원

16 다양한 단위의 동전 계산하기 (1)

화폐 금액 계산하기

다양한 단위의 동전이 포함된 값을 계산하는 방법을 알아봅시다.

① 100원 단위의 동전과 10원 단위의 동전을 나눈다.

② 각각의 금액을 계산한다.

800 원

70 원

③ 두 금액을 합쳐 계산한다.

800 원

70 원

870 원

동전을 100원 단위와 10원 단위로 나눈 후 각각의 금액을 계산하고 금액을 합쳐 계산해봅시다.

✏️ **주머니 안에 있는 금액을 적어봅시다.**

원   원

원   원

물건의 가격에 맞게 연결해봅시다.

주머니 안에 있는 금액이 　 안의 금액이 되도록 동전 붙임 딱지를 붙여봅시다.

680원　　　　　　　　　230원

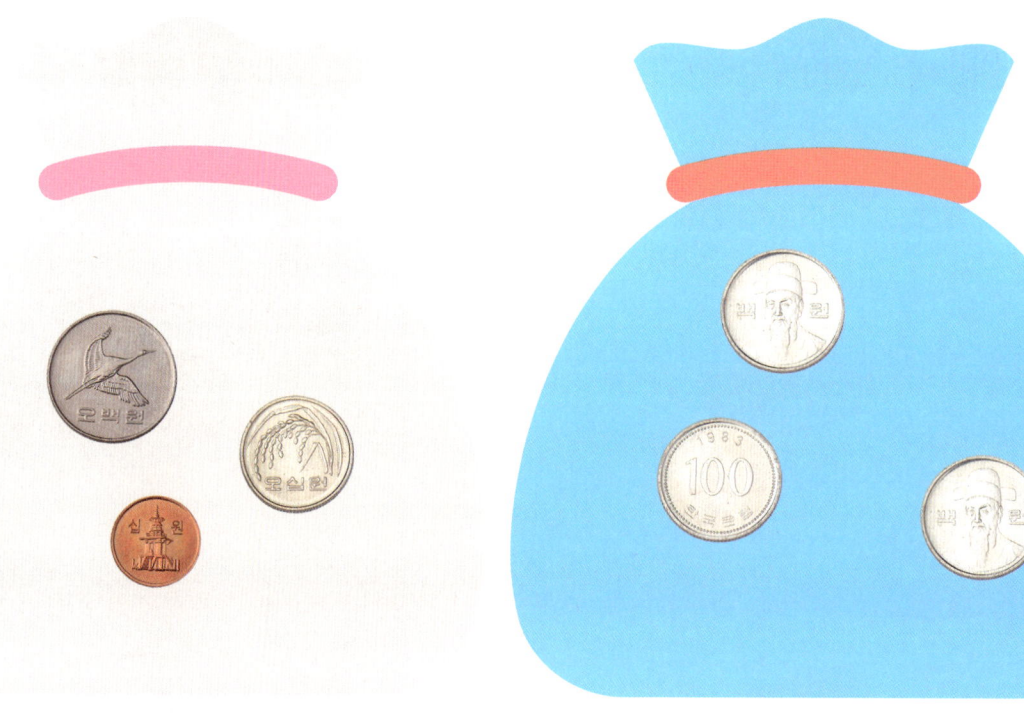

790원　　　　　　　　　450원

✏️ 물건의 가격에 맞게 동전 붙임 딱지를 붙여봅시다.

 670원

 720원

 930원

 860원

 220원

17 다양한 단위의 동전 계산하기 (2)

💡 화폐 금액 계산하기

다양한 단위의 동전이 포함된 값을 계산하는 방법을 알아봅시다.

1 100원 단위의 동전과 10원 단위의 동전을 나눈다.

2 각각의 금액을 계산한다.

700 원

100 원

3 두 금액을 합쳐 계산한다.

700 원

100 원

 800 원

📝 동전을 100원 단위와 10원 단위로 나눈 후 각각의 금액을 계산하고 금액을 합쳐 계산해봅시다.

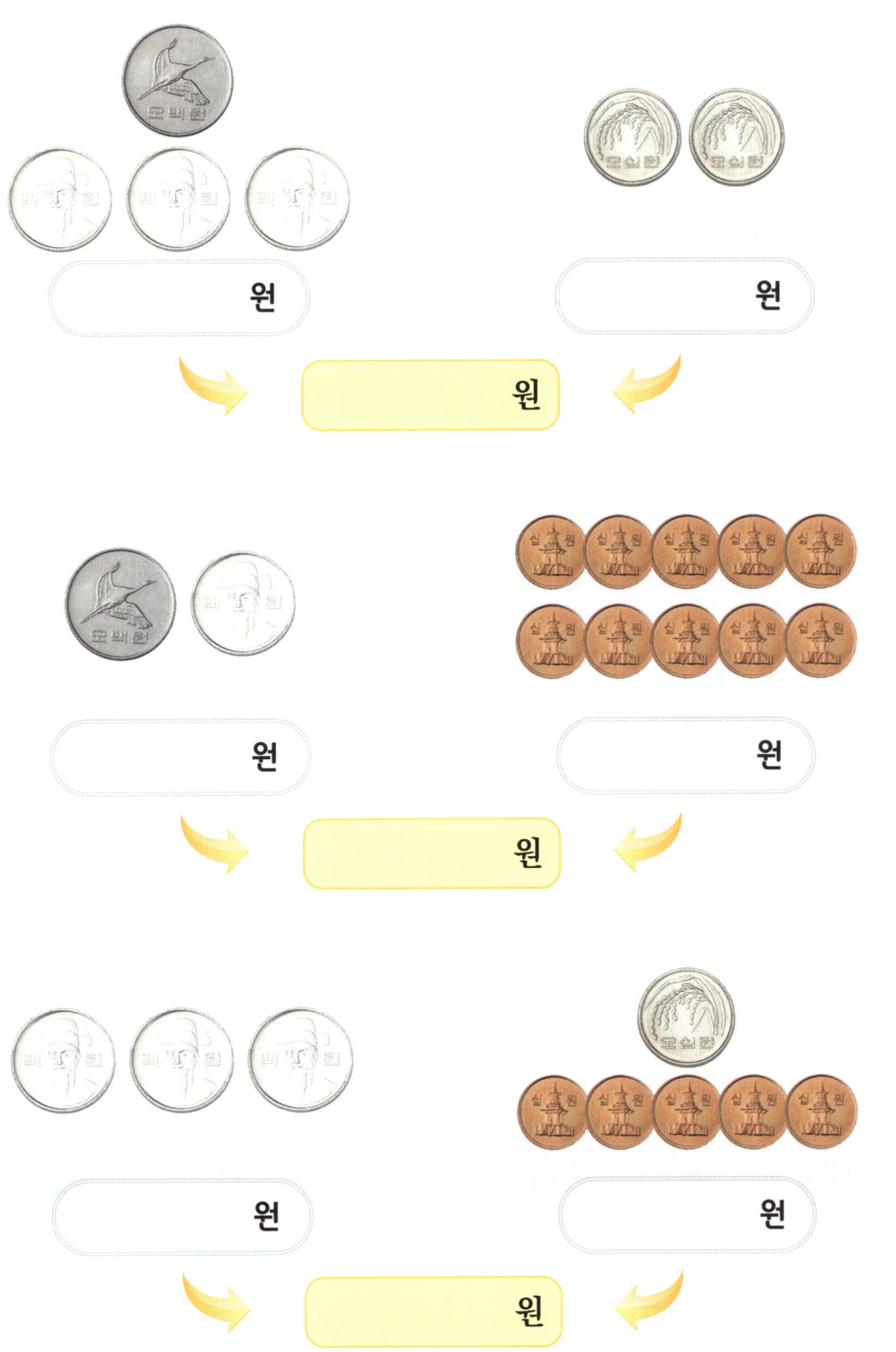

주머니 안에 있는 금액을 적어봅시다.

원   원

원   원

✏️ 물건의 가격을 보고 내야할 금액만큼 화폐를 묶어봅시다.

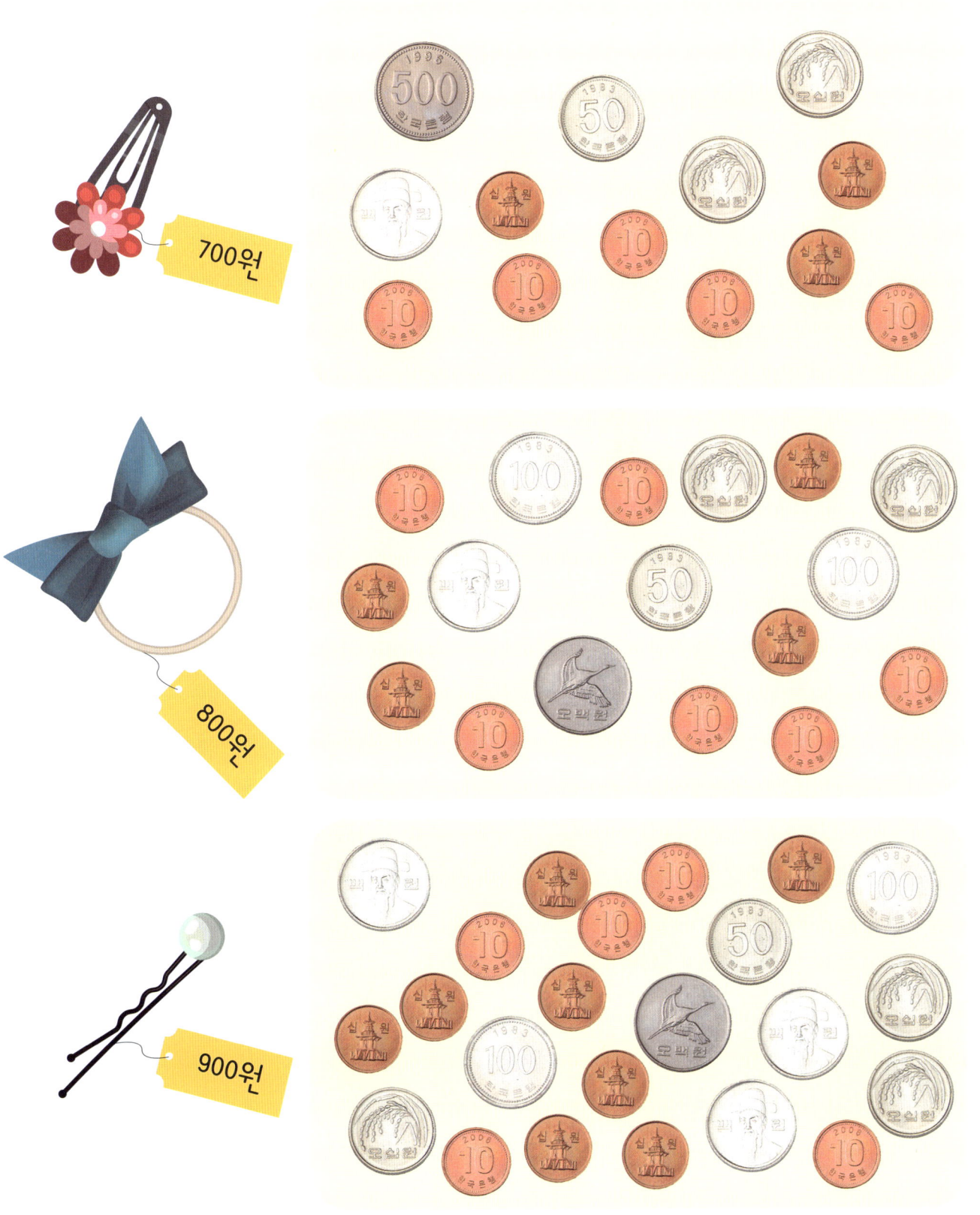

700원

800원

900원

다양한 단위의 동전 계산하기(2)

주머니 안에 있는 금액이 ☐ 안의 금액이 되도록 화폐 붙임 딱지를 붙여봅시다.

700원

200원

700원

400원

물건의 가격에 맞게 연결해봅시다.

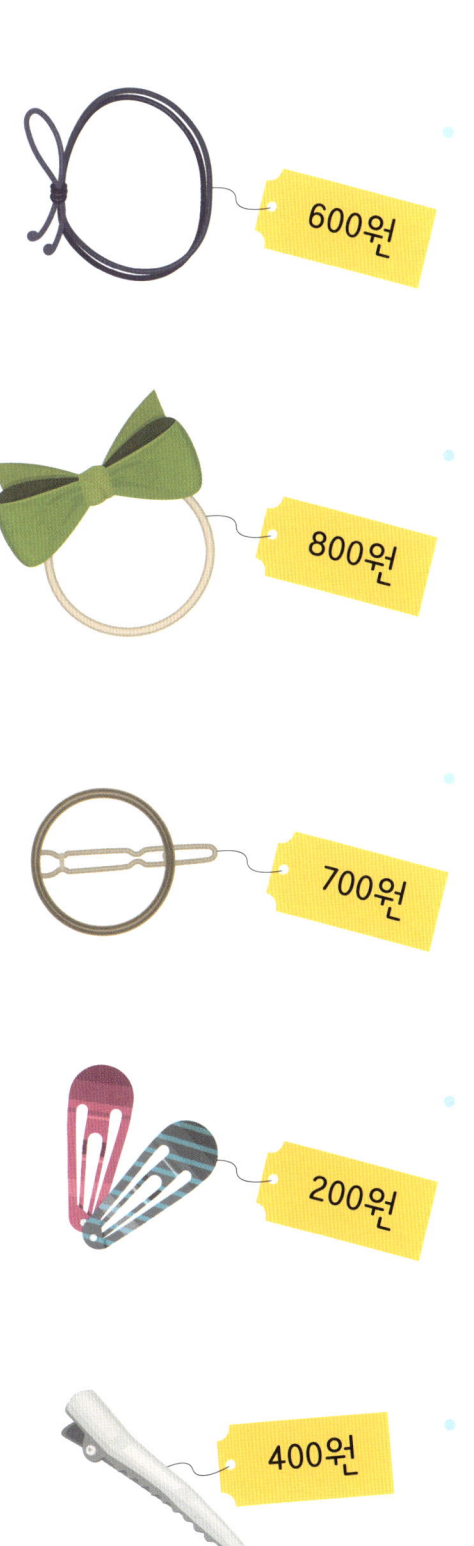

연습문제

주머니 안에 있는 금액을 적어봅시다.

원   원

원   원

✏️ 주머니 안의 금액을 ☐ 안에 적고 그 돈으로 살 수 있는 물건에 모두 ⭕ 해봅시다.

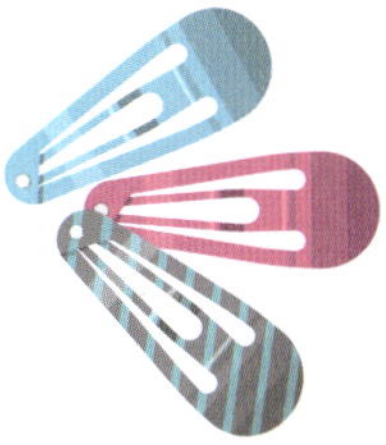

300원	 370원	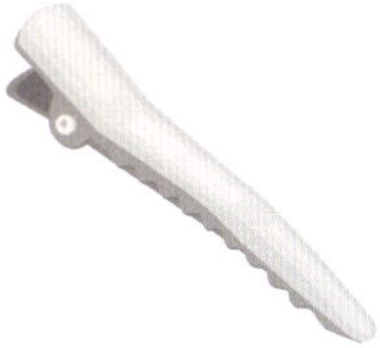 400원
 680원	 700원	 880원
 750원	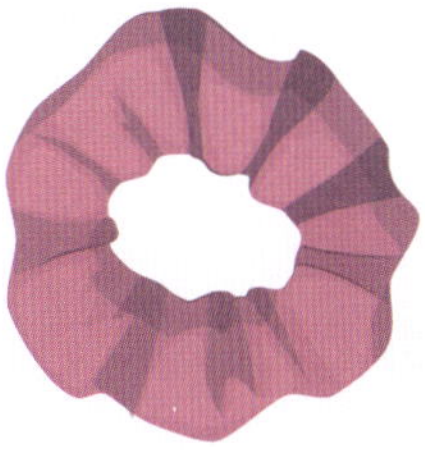 770원	 800원

다양한 단위의 동전 계산하기(2)

안의 금액을 적고 금액의 크기에 맞게 부등호(>, <, =)를 표시해봅시다.

다음은 태현이와 친구들이 저금통에 모은 돈입니다. 물음에 답해봅시다.

친구들 저금통

태현
870원

호섭
700원

주영
930원

인중
670원

💗 가장 돈을 많이 모은 친구는 누구인가요?

💗 인중이가 모은 돈만큼 화폐 스티커를 붙여봅시다.

💗 태현이가 890원짜리 키링을 사려고 합니다. 얼마를 더 모아야 키링을 살 수 있을까요?

원

💗 다음은 호섭이의 저금통 안입니다. 빠진 금액 만큼 화폐 붙임딱지를 붙여봅시다.

다음 글을 읽고 물음에 답해봅시다.

윤경이는 500원 1개, 50원 2개를 가지고 있습니다. 단형이는 100원 2개를 가지고 있습니다. 윤경이와 단형이가 가진 돈은 모두 얼마일까요?

윤경와 단형이가 가진 돈만큼 화폐 붙임 딱지를 각각 붙여봅시다.

이름	화폐 붙임 딱지
윤경	
단형	

윤경이와 단형이가 가진 돈은 모두 얼마인가요?

원

민경이는 500원 1개, 50원 1개를 가지고 있습니다. 주원이는 10원 5개를 가지고 있습니다. 주연이와 승희가 가진 돈으로 살 수 있는 물건은 무엇인가요?

민경이와 주원이가 가진 돈은 모두 얼마인가요?

원

민경이와 주원이가 가진 돈으로 살 수 있는 물건에 모두 ◯를 해봅시다.

다음 글을 읽고 물음에 답해봅시다.

정후는 띠부띠부씰을 사고 싶어 저금통에 돈을 모았습니다. 저금통을 열어보니 500원 1개과 10원 10개가 있었습니다. 정후가 가지고 싶은 띠부띠부씰이 800원이라면, 정후는 얼마를 더 모아야할까요?

♥ 정후가 가진 돈만큼 화폐 붙임 딱지를 붙이고 얼마를 가졌는지 적어봅시다.

이름	화폐 붙임 딱지
정후	

♥ 띠부띠부씰을 사려면 정후는 얼마를 더 모아야할까요?

원

정수는 500원 1개와 100원 2개를 가지고 있습니다. 성준이는 500원 1개와 50원 2개를 가지고 있습니다. 둘중 누가 얼마나 더 많은 돈을 가지고 있나요?

♥ 정수와 성준이가 가진 돈만큼 화폐 붙임 딱지를 붙여보세요.

이름	화폐 붙임 딱지	금액
정수		
성준		

♥ 누가 얼마나 더 많은 돈을 가지고 있나요?

, 원

18 동전으로 천원 만들기

💡 **100원과 500원 동전으로 1,000원 만들기**

100원 동전과 500원 동전을 사용하여 1,000원을 나타내봅시다.

🙂 알아두기

- 100원이 **10개** 있으면 1,000원입니다.
- 500원이 **1개**, 100원이 **5개** 있으면 1,000원입니다.
- 500원이 **2개** 있으면 1,000원입니다.

100원으로 1,000원을 표현해봅시다.

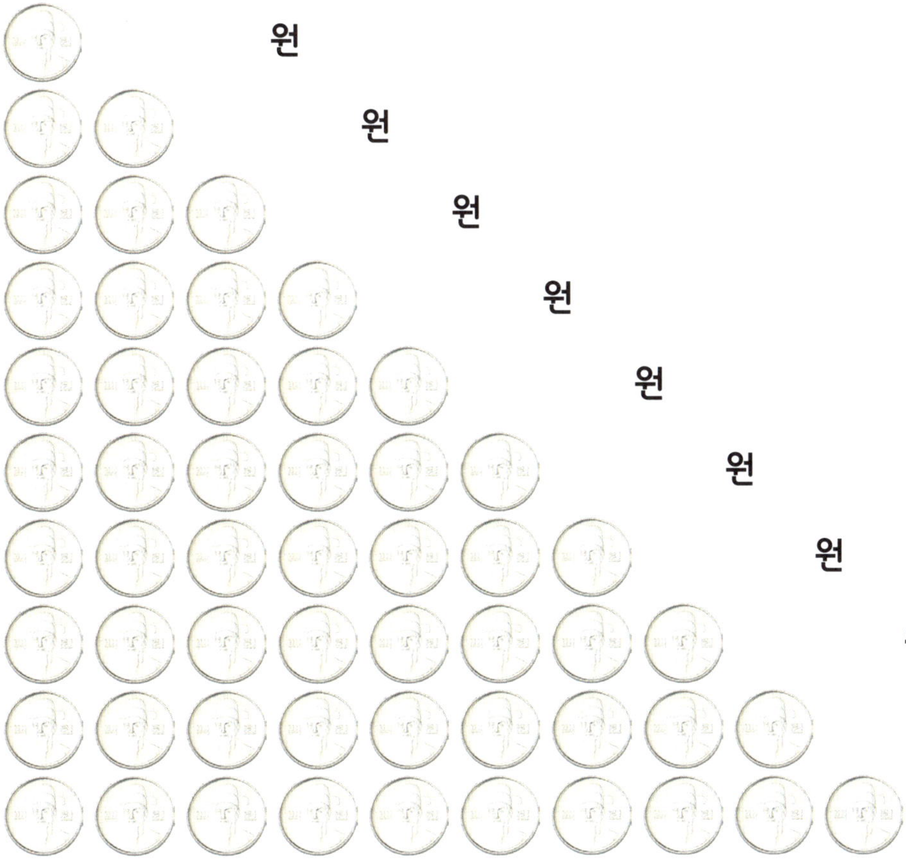

　　　　　　원
　　　　　　　원
　　　　　　　　원
　　　　　　　　　원
　　　　　　　　　　원
　　　　　　　　　　　원
　　　　　　　　　　　　원
　　　　　　　　　　　　　원
　　　　　　　　　　　　　　원
　　　　　　　　　　　　　　　원

알맞은 말에 ◯해봅시다.

1,000원 1장()은 (1,000원 / 100원),

100원 10개(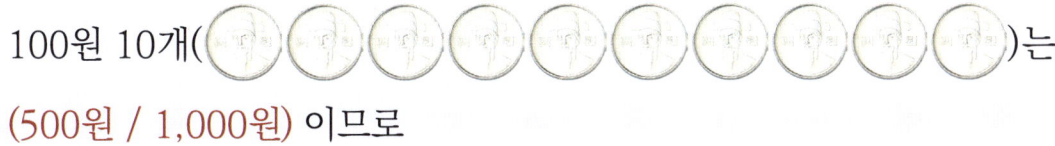)는

(500원 / 1,000원) 이므로

1,000원 1장과 100원 10개의 금액은 (같습니다/다릅니다).

✏️ **100원과 500원으로 1,000원을 표현해봅시다.**

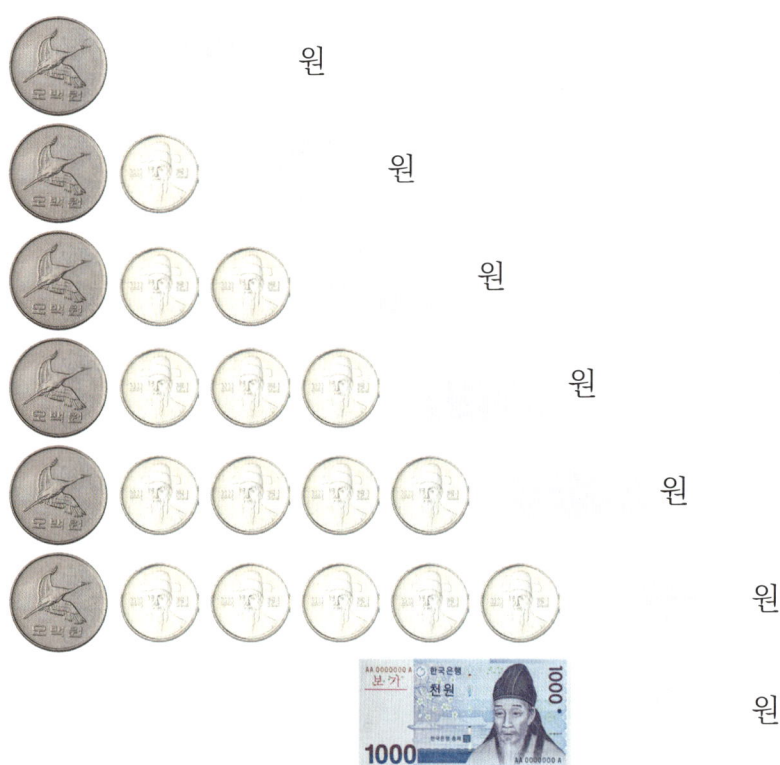

✏️ **500원으로 1,000원을 표현해봅시다.**

✏️ **빈칸에 알맞은 말을 쓰세요.**

- 500원 1개(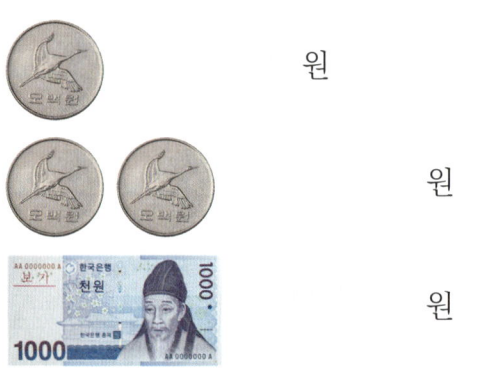)와 100원 5개(   )를 합치면
  (   )원입니다.

- 500원 2개(   )는 (   )원입니다.

합쳐서 1,000원이 되도록 지폐를 묶어보세요.

동전으로 천원 만들기

합쳐서 1,000원이 되도록 연결해봅시다.

주머니 안에 있는 금액이 1,000원이 되도록 필요한 붙임 딱지를 붙여주세요.

동전으로 천원 만들기

19 동전으로 천원 이상이 되는 값 계산하기

월   일

💡 화폐 금액 계산하기

동전으로 1,000원 이상이 되는 값을 계산해봅시다.

1 합쳐서 1,000원이 되는 동전끼리 묶어준다.

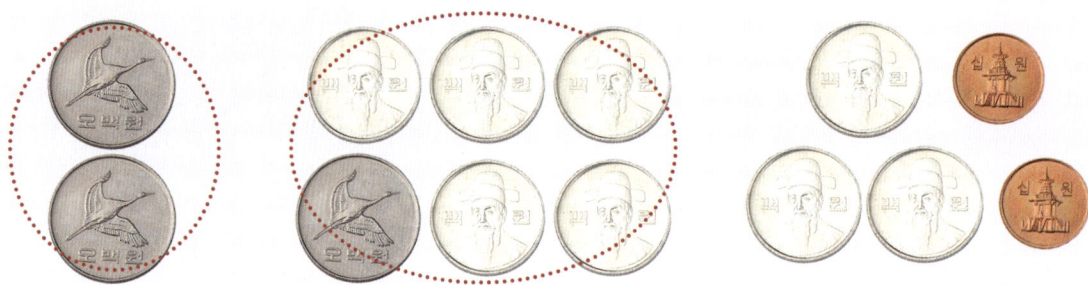

2 묶은 금액과 남은 금액을 각각 계산한다.

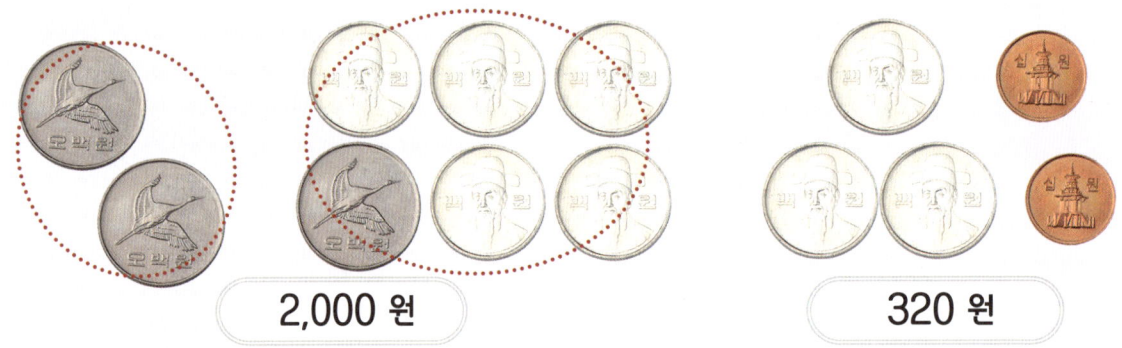

2,000 원   320 원

3 두 금액을 합쳐 계산한다.

2,000 원   320 원

2,320 원

✏️ 합쳐서 1,000원 이상이 되는 값을 묶어준 후 전체 금액을 계산해봅시다.

원

원

원

주머니 안에 있는 금액을 적어봅시다.

원

원

원

원

✏️ 물건의 가격을 보고 내야할 금액만큼 화폐를 묶어봅시다.

2,370원

3,150원

4,690원

동전으로 천원 이상이 되는 값 계산하기

물건의 가격에 맞게 동전을 붙여봅시다.

 1,250원

 2,730원

 1,680원

 3,110원

 2,550원

주머니 안에 있는 금액이 ☐ **안의 금액이 되도록 화폐 붙임 딱지를 붙여봅시다.**

3,620원

2,310원

1,690원

1,230원

연습문제

주머니 안에 있는 금액을 적어봅시다.

원   원

원   원

주머니 안의 금액을 ◯안에 적고 그 돈으로 살 수 있는 물건에 모두 ◯해봅시다.

□원

1,200원

1,260원

1,350원

□원

1,800원

1,820원

1,900원

□원

1,000원

1,080원

1100원

안의 금액을 적고 금액의 크기에 맞게 부등호(>, <, =)를 표시해봅시다.

원   원

원   원

원   원

수경이는 목이 말라서 자판기에서 음료수를 사마시려고 합니다. 물음에 답해봅시다.

💗 가장 비싼 음료수는 무엇인가요?

💗 500원 2개, 100원 2개, 10원 1개로 사마실 수 있는 음료수는 무엇인가요?

💗 아래 금액에서 얼마가 더 있어야 과일주스를 살 수 있을까요?

더 모아야 하는 금액 :   원

💗 내가 사고 싶은 음료수를 적고 동전이 몇 개씩 필요한지 적어봅시다.

내가 사고 싶은 음료수는 (   )이고
500원 동전 (   )개, 100원 동전 (   )개,
50원 동전 (   )개, 10원 동전 (   )개가 필요합니다.

다음 글을 읽고 물음에 답해봅시다.

도경이는 500원 2개, 50원 1개를 가지고 있습니다. 미근이는 100원 2개를 가지고 있습니다. 도경이와 미근이가 가진 돈은 모두 얼마일까요?

💛 도경이와 미근이가 가진 돈만큼 화폐 붙임 딱지를 각각 붙여봅시다.

이름	화폐 붙임 딱지
도경	
미근	

💛 도경이와 미근이가 가진 돈은 모두 얼마인가요?

원

희승이는 500원 3개, 50원 1개를 가지고 있습니다. 연주는 100원 12개를 가지고 있습니다. 희승이와 연주가 가진 돈으로 살 수 있는 물건은 무엇인가요?

💛 희승이와 연주가 가진 돈은 모두 얼마인가요?

원

💛 희승이와 연주가 가진 돈으로 살 수 있는 물건에 ◯를 해봅시다.

다음 글을 읽고 물음에 답해봅시다.

하룻동안 모인 불우이웃돕기 모금함을 열어보니 500원 6개, 100원 12개, 50원 1개, 10원 4개가 모였습니다. 모금함에 모인 돈은 모두 얼마일까요?

💗 모금함에 모인 돈만큼 화폐 붙임 딱지를 붙이고 얼마인지 적어봅시다.

원

유리는 500원 1개와 100원 7개, 50원 1개를 가지고 있습니다. 현경이는 500원 2개와 10원 5개를 가지고 있습니다. 물음에 답해봅시다.

💗 유리와 현경이가 가진 돈만큼 화폐 붙임 딱지를 붙여보세요.

이름	화폐 붙임 딱지	금액
유리		
현경		

💗 누가 얼마나 더 많은 돈을 가지고 있나요?

, 원

MEMO

# 붙임딱지

< 8 페이지 >

< 9 페이지 >

 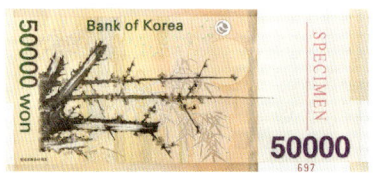

< 12 페이지 > < 54 페이지 > < 28 페이지 > < 84 페이지 >

< 화폐 붙임 딱지 500원 추가 분 >

< 화폐 붙임 딱지 >   * 화폐 붙임 딱지는 여유분이 포함되어 있습니다.

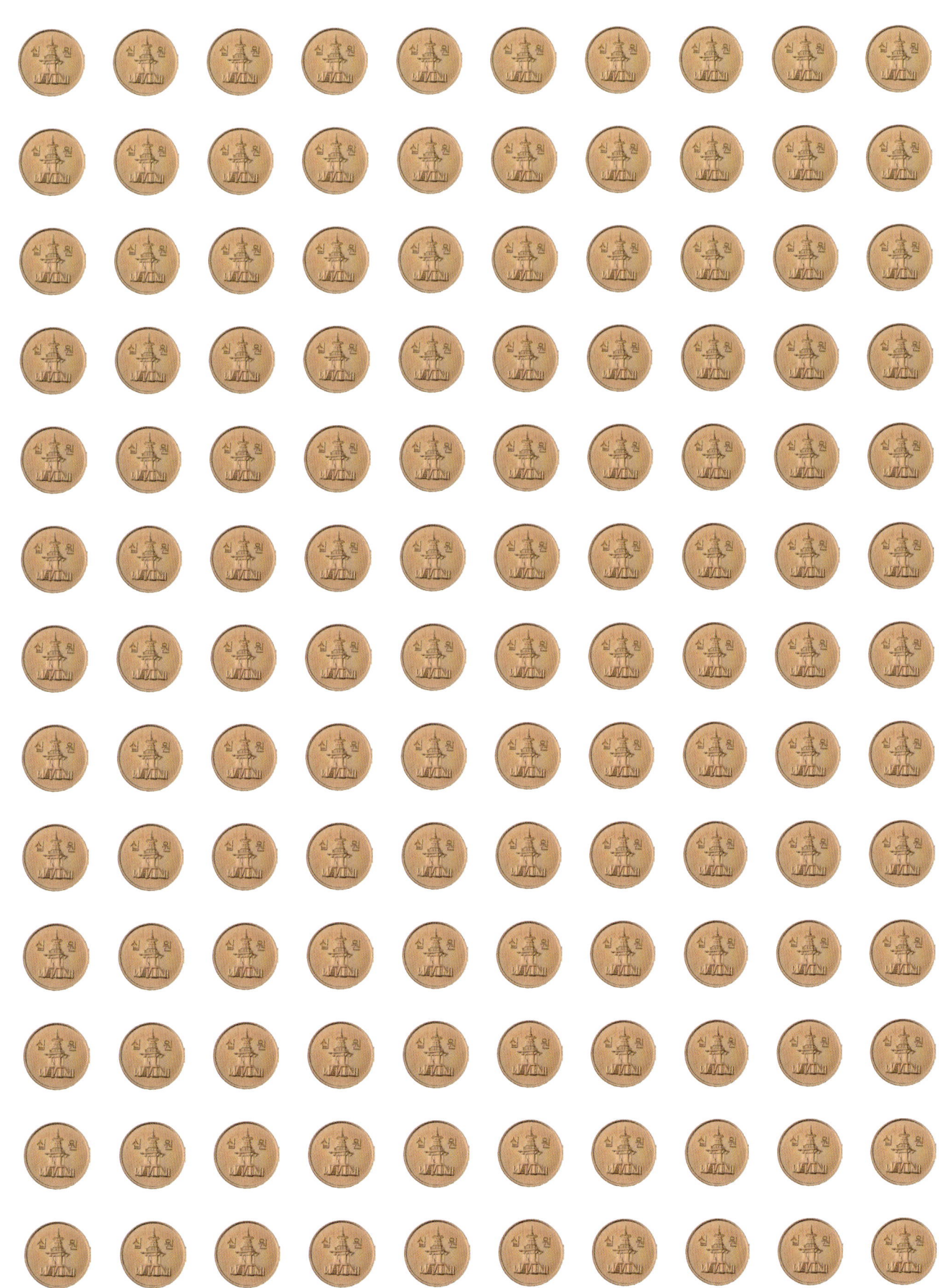

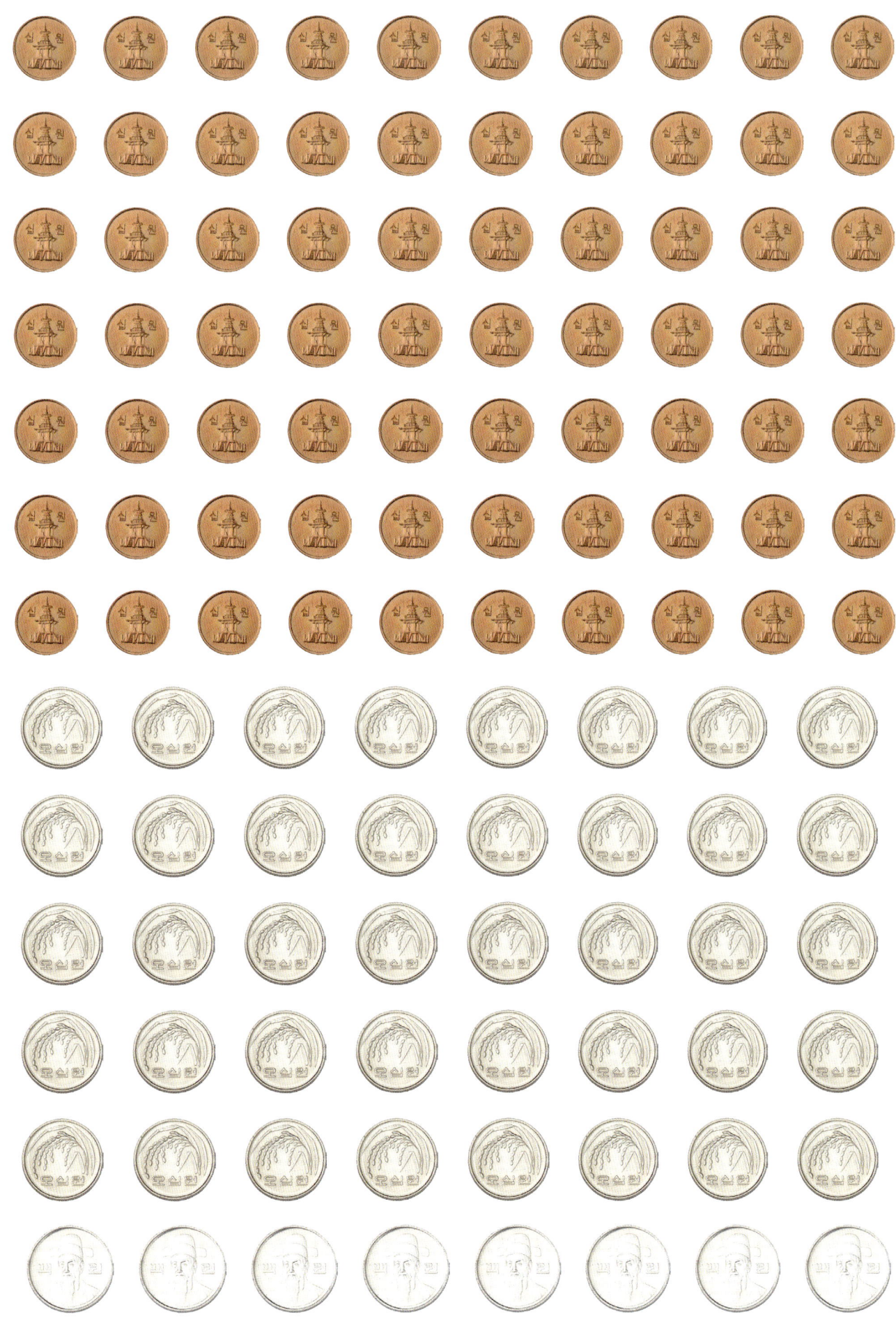

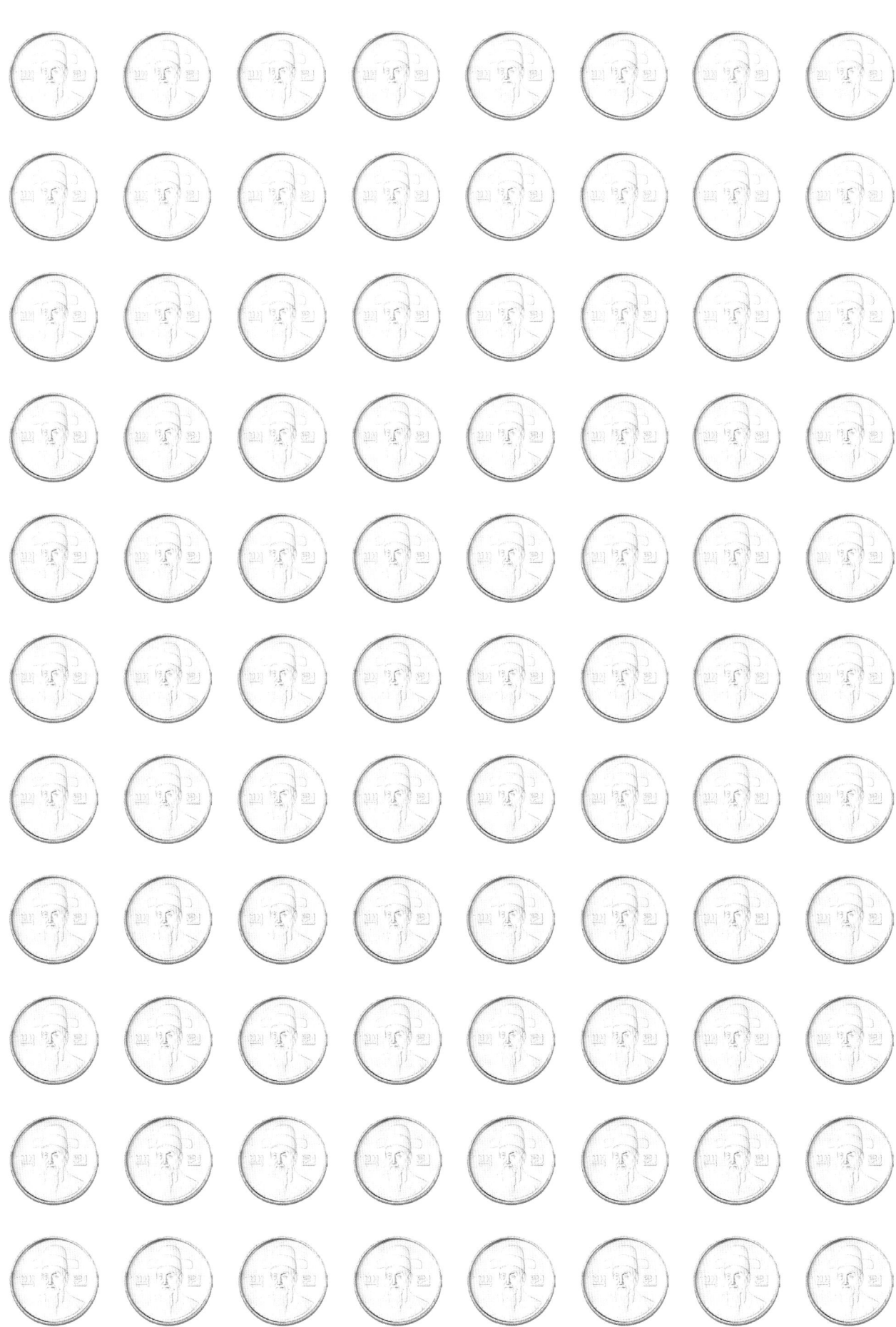